逻辑十九讲

The Art of Logical Thinking

（美）威廉姆·沃克·阿特金森 著

李奇 译

江苏人民出版社

图书在版编目（CIP）数据

逻辑十九讲 /（美）威廉姆·沃克·阿特金森著；李奇译. -- 南京：江苏人民出版社，2018.12（2025.8重印）

书名原文：The Art of Logical Thinking

ISBN 978-7-214-22139-1

Ⅰ.①逻… Ⅱ.①威… ②李… Ⅲ.①逻辑学—通俗读物 Ⅳ.① B81-49

中国版本图书馆CIP数据核字（2018）第136833号

书　　　名	逻辑十九讲
著　　　者	[美]威廉姆·沃克·阿特金森
译　　　者	李　奇
责任编辑	石　路
装帧设计	白砚川
版式设计	张文艺
出版发行	江苏人民出版社
出版社地址	南京市湖南路1号A楼，邮编：210009
印　　　刷	三河市兴达印务有限公司
开　　　本	787毫米×1092毫米 1/32
印　　　张	6.5
字　　　数	94千字
版　　　次	2018年12月第1版
印　　　次	2025年8月第13次印刷
标准书号	ISBN 978-7-214-22139-1
定　　　价	39.80元

目 录
CONTENTS

第一讲　什么是推理 001

每个人的推理有好有坏，而逻辑是一种推理科学。它可以使我们认清楚：好的推理可以导引出真理，坏的推理则会给我们带来厄运，并导致我们每天不停地犯错。

第二讲　推理的过程 009

逻辑学家在人类有限的认知领域里做出了最简洁、准确的陈述：推理的四个步骤，即抽象、概括、判断、推理；推理的两个种类，即归纳推理和演绎推理。它们之间既相互独立又相互依赖。

第三讲　什么是概念 017

不了解概念，我们在生活中就无法交流，因为我们不能说"那个四条腿，长鼻子，大耳朵"的动物的肉很好吃。概念是对任一事物的一种精神陈述。每个概念的形成都需要五个步骤：陈述、对比、抽象、概括、命名。

第四讲 概念的使用 027

概念在其形成和使用的过程中非常容易被人们的潜意识和惯性思维所迷惑，特别对于心智还不成熟的和没有逻辑基础的人群，所以在形成概念之前，必须正确理解和遵守它的五个步骤。

第五讲 概念和图像 037

概念相对于图像化，指代的范围更宽广。概念是一类事物的集合，而图像仅仅指代某个特定的事物或物体。这两者之所以经常被混淆，是因为图像化更具体，更容易被人们所接受。而概念本身包含的一个重要的特性就是抽象化。

第六讲 术语 045

术语是一个外部符号，是抽象概念的具体表达。它是演绎逻辑的重要组成部分。多个术语组成命题，而命题是各种逻辑的主要构成，术语的重要性也在这里，它是逻辑的基础。

第七讲 术语的含义......061

明白术语的含义，不仅仅是知道它的概念或如何分类，更重要的是，给出一个术语，它如何在你的脑子里完成一个从抽象的概念到一个可伸展的具象的过程。这个具象的完整度取决于你的想象力。

第八讲 判断......071

人类从幼儿到成人，无时无刻不在判断。有了它，人才会认同或者反对。随着认知的积累，认同和反对会互相转换。判断只是单一的心理过程，不形成文字或可见的实体。

第九讲 命题......079

判断形成文字，或被语言表达出来，就是命题。命题很像语文中的判断句，不同的是，逻辑学家把它研究得更深了，使它有了数学的精确性。

第十讲 直接推理......089

基础的东西最简单，也最重要，直接推理的性质就是这样。直接推理是最简单的推理形式，同时，它所包含的信息量也是最大的。

第十一讲 归纳推理 097

归纳推理的概念很容易理解，使用步骤也简单明了，它和演绎推理互逆，并构成了逻辑学中最普遍的两种推理形式。

第十二讲 用归纳法进行推理 107

归纳法后来被引入到数学的概率计算中，"完全归纳法"其实就是"统计"，从中你能看到逻辑对科学发展的影响。初步观察是一个搜集和筛选过程，有时也会用到实验。

第十三讲 理论和假设 117

一旦假设被证明，它就成了真理或者理论。显而易见的真理少之又少，这也正是假设存在的重要性。不仅仅在逻辑推导中，生活中，你也可以随处听到"假设怎样怎样"的谈话。这时，你要小心，没准，他说的就是真理。

| CONTENTS 目录

第十四讲 制定和检验假设 **125**

归纳推理的最后一个步骤,如果假设不能或者暂时不能被证伪,推理就成立。所以,归纳推理是会提心吊胆的,因为你不知哪一天会有人发现一个事实,证明假设是不成立的。这也是人类文明发展的动力。

第十五讲 演绎推理 **137**

细致地讨论过归纳推理之后,演绎推理也就很清晰明了了。演绎推理是归纳推理的逆过程。这也是为什么小孩子要先学乘法,背"九九乘法表"的原因。

第十六讲 三段论 **149**

最经典的逻辑推导,每个人每天的生活中都能遇到,甚至是小孩子,比如小学数学里:如果A大于B,B大于C,那么A就大于C。"三段论"只是名字新奇而已。本讲里的复杂点只是讨论了三段论成立的规则。

第十七讲　三段论的种类 161

三段论就像是变色龙，为了避免人们在实际生活和学习中对它的陌生感，本讲将讨论三段论的种类变化。

第十八讲　类比推理 173

类比推理的应用最为普遍，然而作为推理的初级形式，尽管它有很大程度的确定性，却缺少必然性。所以，在严谨缜密的科学推导中，这种方法很少被用到。

第十九讲　谬论 181

学习逻辑的目的之一就是辨别是非真假，而谬论者，正是现实里的诡辩好手，有时他们的逻辑思维比你还强，因为"神偷"在成为"神偷"之前，总是会把好人研究透。

第一讲

什么是推理

每个人的推理有好有坏,而逻辑是一种推理科学。它可以使我们认清楚:好的推理可以导引出真理,坏的推理则会给我们带来厄运,并导致我们每天不停地犯错。

"推理"的一般定义是:"推理是训练判断能力的一种行为、过程或者艺术;推理是在论证中使用理性判断的一种能力或者行为;推理是论证和推论的结合体;推理代表理性的力量;推理是论证、讨论和辩论。"斯图尔特说:"推理这个词语,远不止它的字面意义那么简单。在日常的普遍的谈话中,凭借推理能力,我们能从错误中寻找到真理,明辨是非,同时还可以总结出完成特定目标、取得伟大成就的好方法。"

通过运用大脑思维的推理能力,我们可以把不同的客观事实反映给大脑,大脑中就会形成相对应的感觉或者概念。之后,大脑思维把思想里的"原材料"加以吸收,再编织成更为复杂和精密的精神产物,我们把它称为真理的抽象概念和具体概念。布鲁克斯说:"推理是大脑思维的思考力量;推理教会我们认识思想知识是什么,以及它和感官知识之间的区别。推理可以被认为是调配各种能力的精神建筑师；推理能够把人可以感觉到的事物加工成新产品，进而建造出科学和哲学的殿堂。"斯图尔特则补充说："这些新产品具有双重含义，即想法和思想。想法是一种通过文字表达，但并不给出建议的精神产品；思想则是一种阐述两个以上的想法之间的关系的精神产品。对想法的理解我们可以分为两类：抽象的想法和具体的想法。对思想的理解也分为两个具体的类别：关于偶然真理的思想和关于必然真理的思想。偶然真理是指我们所经历过的事实或者日常生活中的直接判断，和包含在具体事实中形成的法则及其原因在内的具体真理。必然真理是指我们所知道的公理或者不辩自明的真理，以及经过推理所得的定理。"

在邀请你一起思考推理的所有过程时，我们会不由自主地联想到莫里哀喜剧中的一个古老故事，其中有个人物在四十年里一直在谈论散文并且毫不自知，当他幡然醒悟这个事实之后大为吃惊。杰文斯在提到推理过程时说："很多人一生都在忙于不停地转换命题，采用三段论法进行推理，最后陷于谬论和框架假设中，并以属和种进行区别分类。一百个人听到这种说法之后，会有九十九个人表现得相当惊奇。如果你问他们是不是逻辑学家，那么他们很可能会回答，不！他们这么回答可能对了一部分。因为我认为，即使受过高等教育的大部分人都不清楚逻辑是什么。从某种层面上来说，每个人从会说话开始，就应该力争学做一个逻辑学家。"

所以，我们在让你思考推理过程之前，并没有盲目地认定你从未推理过——相反地，我们完全明白，你在和每一个人打交道之前，早已经推理思考过你应该如何过成熟的生活。当然这不是关键问题。事实上，每当人推理的时候，绝大多数人都进行了错误的推理。很多人都按照非正确、非科学的方法进行推理，因此遭受了种种挫折。一些学者指出，绝大多数人甚至不能公平地、正确地进行推理，并指出很多人把一些荒谬的想法当作对论点的证明。这些学者的观点和声明很可能有点激进，但在解释真相时，这些蹩脚的证据也的确给大众的感观造成了误导。权威学者们一旦郑重其事地给出肯定的推论，大部分人就会把荒谬的想法当成真理。许多非逻辑性的想法，即便是没有经过争议性的商讨或者现实的检验，只要被庄重地、权威地公布于众，同样会被很多人所接纳。我们发现,特别是在一些本应当受到尊重的宗教领域和政治领域里,多数人都会盲目地去相信一些非逻辑性的想法。领导者的声明似乎都充分被大众所默认。

仅仅具备良好的智力,远不能保证正确地实践推理过程。一个运动员可以具备良好的身材比例、精致的骨架轮廓和匀称的肌肉,但是,他如果想通过这些特征打败对手,还必须学会如何锻炼自己的肌肉韧性,并且充分利用和发挥好它的实际用途。所以,同理而言,一个人若想正确地进行推理,不仅需要锻炼出聪慧的智力,还得学会掌握理智地运用智力的艺术。否则,他纯粹是在浪费精力,因为当他和一个训练有素的逻辑学家进行论证和争辩的时候,将会十分被动。当一个人看到两个同等聪明的人进行论证和争辩的时候,一边是训练有素的逻辑学家,另一边是缺乏良好逻辑推理能力的人,他们之间产生的不平等碰撞,会给旁观者留下不可磨灭的印象。这种对峙,就像是一个力大无穷却并未受过任何技巧或者技术训练的摔跤手,必须遵守繁多的规则,在固定的地点、固定的时间内,以固定的方式和一个训练有素、经验丰富的摔跤手进行角逐。又或者像一个肌肉发达却从未经历过拳击技艺训练的大块头，遭遇一个经验丰富且深谙搏斗艺术的对手所产生的冲突。这样的冲突最终产生的结果是不言自明的。因此，每个人都不应忽视正确地学习推理艺术的重要性，否则，他在奔向成功的跑道上将会遇到重重困难，甚至一些智力水平比他弱的人，也会毋庸置疑地超越他。

杰文斯在讨论这层关系时说："事实上，做一个出色的逻辑学家远比做一个优秀的运动员更有价值；因为逻辑学能教会我们更好地进行推理，而推理又可以教会我们更多的知识——正如培根所说，知识就是力量。作为运动员，人类永远无法与马、老虎或者猴子相比。但人类凭借知识的力量，能驯服马，射杀老虎，甚至可以无视猴子的存在。最弱势的人一旦具备最好的逻辑思维能力，最终将会战胜一切。因为利用逻辑思维，他可以轻易地预知未来，计算出任何行动所产生的可能结果，从而避免致命的失误，并能寻找到方法去完成看似不可能完成的任务。如果诸如蚂蚁一样的微小生物拥有一副胜过人类的头脑，那么它们可以彻底摧毁人类或者让人类成为奴隶。当然，我们不得不像凶残的动物一样，运用我们的眼睛和耳朵去获取一些基本的技能或知识。但是，能够创造出巨大能量的是一种被叫作科学的更深层次的知识。人们也许并不需要真正地认清他们所看到的事物的本质，就能看到、听到和感觉到生命本身。然而，理性是思维的眼睛，有助于我们看清楚事情为什么会是这样，以及事件在什么时候以怎样的方式发生或者不会发生。逻辑学家一直致力于研究并弄清楚这种赋予人类强大力量的理性究竟是什么。正如我之前所说，我们都能推理，或好或坏，但是逻辑是一种推理科学，它可以促使我们辨别好的推论（把我们引向真理）和坏的推论（给我们带来厄运）之间的差别。"

在这本书当中，我们希望能够极力避免出现一些不必要的专业术语或者学术探讨，尽可能以一种简单、直白的方式，为读者指明一些好的方法和原则，用来指导如何正确地运用思维推理的官能。我们将大体上秉承古老书院的心理学权威理论，并结合最新的心理学权威研究成果。我们并不一味地想把这本书做成一本仅供课堂使用的教科书，我们的最终目标是，把这个重要课题呈现给那些想要弄清楚推理法则工作原理的公众群体，毕竟他们并没有太多时间和兴趣专注于技术性探讨或者进行吹毛求疵的学术性研究。

第二讲

推理的过程

逻辑学家在人类有限的认知领域里做出了最简洁、准确的陈述:推理的四个步骤,即抽象、概括、判断、推理;推理的两个种类,即归纳推理和演绎推理。它们之间既相互独立又相互依赖。

推理的过程可以分为四个步骤：

一、**抽象**，是从一个物体、人或者事情中，提取和归类出它的特性或者属性，并把它看成是一个有明显思想内容的物体的过程。例如说，我一旦认识到一头狮子具有力量这样一个特性，就能单独地运用抽象思维，把力量理解成动物特性中的一个——如果力量这个术语对于我来说是代表一种实际精神含义的话——然后我会抽象地、单独地思考这个特性；思考其实是一种抽象艺术；深思熟虑的想法本身就是一种抽象的概念。有些作家认为这些抽象的概念实际上就是现实，"并不只是漫无边际的幻想"。正如布鲁克斯所说的那样："尽管玫瑰凋零了，但是它的颜色和芬芳依旧留存在我的大脑记忆里。"其他的一些权威学者们把抽象看作是一种集中注意力的艺术，或者是一种排除他物的特性，并且认为抽象概念一旦脱离了拥有具体概念的现实物体就会变得荡然无存。威廉·汉密尔顿爵士说："我们可以把注意力集中在一个事物的特称形式上，比如它的气味、颜色、形态和大小等，再把它抽象化，和其他特性隔离开。"这也许可以称作模形抽象。我们一直都在关注个别事物的抽象，其结果难免具有片面性。抽象和具象并没有必然联系；其实具象依赖于抽象，并且抽象支持具象的存在；但是抽象并不包含具象。

二、概括，是指形成概念或者基本想法的过程。它的作用主要表现在引导人们理解所有客观实体，人和事物的共同特性，并把它们整合之后再转换成一个包含它们所有含义的单独见解或者概念。一个具体的想法或者概念区别于一个特别的想法的地方在于，它不仅包含了自身的某个特性和其他特性，还相应地适用于任一特称，也就是所说的通用类。举例来说，一个人会对一匹特定的马形成特定的想法，但是这个特定的想法仅适用于这匹马。同时他也会借助于自己的具体感觉或者类别感觉，对马形成一种具体想法，这种想法不仅适用于这匹马，同时也适用于属于同一类当中的所有马。对具象或者观念的表达，可以称之为概念。

三、**判断**，是指把两个物体、两个人或者两个东西进行对比，分析两者之间的共同之处和不同之处的过程。因此，我们可以对马和动物这两个概念进行比较，然后找到它们之间的某种共同之处，从而得出一个判断："一匹马是一种动物。"或者我们拿马和奶牛进行比较，找到它们的非共同之处，然后得出判定："一匹马不是一头奶牛。"对一个判断的表达，可以称之为命题。

四、**推理**，是指把两个客观实体、两个人或者两件事物进行对比分析得出它们同第三者之间关系的过程。因此我们可以推理得出：（1）所有的哺乳类动物都是动物；（2）马是哺乳类动物；（3）因此，马是动物。推理的结果可以表述为："马是动物。"所以，推理的最根本的原理，是指思考两个物体，然后进行对比分析得出它们同第三个物体之间的关系。对这个推理过程的最佳表达形式，可以称为三段论。

显而易见，在以上这四个推理过程中，必须分别运用到分析和综合这两个过程。分析是把一个需要进行思考的物体分解成若干个组成部分、特性或者关系。综合是把一个有思想的物体的各个组成部分、特性或者关系融合成一个综合性整体。二者就是推理的基础。抽象是一种理论分析；概括或者观念注重综合；判断是分析和综合的一方或双方；推理是"一种细节感应的综合过程，或者一种从个体到整体的演绎过程"。

推理有两项十分重要的分类：（1）归纳推理，也就是从各种个体事实中推论出普遍真理；（2）演绎推理，也就是从普遍真理中演绎出各种个体事实。

归纳推理就是从个体现象中发现普遍规律。举例而言，从"每个人都会死亡"这个事实中，我们发现了一条普遍真理——"所有人都会死亡"，或者通过大家都看到的"冰在一定温度下会融化"这一事实，我们推断出"在一定的温度下，所有的冰都会融化"。从已知到未知，这就是归纳推理所要做的。归纳推理重在综合过程。它的目的就是从个别中探索出普遍规律。

演绎推理就是在普遍规律下分析个体现象。于是我们推论出，如果所有人都要死亡，那么约翰·斯密斯作为一个个体的人，肯定也会死亡；或者如果所有冰在一定温度下都会融化，那么接下来我们把一块选定好的冰块放置在特定的温度下,这块冰也将融化。因此,演绎推理重在一个分析过程。

米尔斯在提到归纳推理时说:"我们的祖先所采用的归纳方法倾向于认为,所有在我们认知范围内适用于各式例子的可靠命题,都具有普遍真理的所有特点。培根指出了这种方法的不足,之后的实证经验又远远超出了培根的观念。所以归纳法就是这样一个过程,如果我们知道一个真理在一种或者多种特称情况中成立,那么它也必会在前面类似的所有情况中成立。换言之,归纳法是指适用于一个层面上个体事物的真理,同样适用于整个层面上的个体事物;或者说,在某段时间内成立的真理,只要外在环境条件相同,在其他任何时间内,这个真理也绝对成立。"

有位作家在提到关于对演绎推理的看法时说:"演绎推理,是我们从已经获得认可或者确认存在的事实基础上,总结出必然结果的一个过程。"布鲁克斯说:"普遍真理来源于我们从一些不同实例中衍生出的个体真理。"有一些真理则是需要靠直觉判断出来,比方说数学公理或者逻辑公理。其中又有一部分是靠归纳法推断出来。也有一些是假设出来的，比方说在探索物理科学的时候。归纳推理通常把许多假设和物理科学理论当成普遍真理来使用，如万有引力理论和光学理论，以及其他的一些相关理论，等等。勒威耶通过运用宇宙万有引力理论进行推理，得出了一颗新行星在天空中的具体位置，然而人类当时还不能用肉眼观察到这颗新行星。

哈莱克指出，归纳推理和演绎推理相互依赖的地方在于：一个人必须通过从自身经验或者别人的经验中寻找到一些重要前提，从中他可以争辩或者总结出他的结论。凭借归纳法，我们可以检验、判断发生在我们身边的一部分事件。然后我们也可以总结出我们还未检验的那部分事件，仍将遵循相同的法则。"所有奶牛都反刍（进食经过一段时间以后将半消化的食物返回嘴里再次咀嚼）"这一前提是经过一定数量的奶牛验证过的。因此假如我们在二十年后看见一头奶牛，我们打心眼里会觉得它应该反刍。通过归纳推理，对这些现象进行了分类，因此也教会了我们一个很重大的前提，那就是我们可以利用演绎推理的方法，把推论运用到任何一个新属种去，最后证明它们属于同样的一个类别。

在我们今后使用的推理方法中，演绎推理包含的几个步骤，会被依次使用到。

第三讲

什么是概念

不了解概念,我们在生活中就无法交流,因为我们不能说"那个四条腿,长鼻子,大耳朵"的动物的肉很好吃。概念是对任一事物的一种精神陈述。每个概念的形成都需要五个步骤:陈述、对比、抽象、概括、命名。

考虑到思考的过程，我们把它分成几个步骤或者几个阶段，并且对每一项进行细致的检验，从总体上实现综合地理解它们的目的。在实际的思考过程中，这些步骤或者阶段在潜意识中并非是严格分离的，虽然过程中的每一个步骤或者阶段都与上一个和下一个步骤或者阶段保持清晰明显的区别，但是这些步骤和阶段又相互紧密联系，导致很难从中分出一个明显的界限。思考过程中的第一个步骤或者阶段叫作概念。

概念是对任一事物的一种精神陈述。威廉姆·詹姆斯教授说："我们通过标记、区别、画圆圈或者标记数字的方式所获得的功能就是概念。"在每个概念中都包含五个步骤或阶段：

一、陈述。在形成一个概念之前，必须先对这个概念的指代对象做出一番细致的阐述。如果要形成"动物"这个概念，那么我们必须先充分认识一种动物，更确切地说是若干种动物——马、狗、猫、奶牛、猪、狮子和老虎等。我们也必须记住这些动物的外在形象，因为它们的外在形象可能会被记忆重新加工，并反映给大脑思维。为了能完全理解"动物"这个概念，我们必须先认清楚每一种动物，否则会导致概念的部分缺失。如果发生这种负面情况，我们可能不能再完整地理解其他事物的概念。只有更好地进行理解吸收，我们才能更好地定义概念。在此系列的其他书中，我们极力强调下面两点的价值和重要性，"必须保证集中注意力"和"清晰全面地认识"。我们如果没有灵活地集中注意力，就不能清晰地理解任何事物；只有理解清楚，大脑思维才能对所需要理解的事物形成一个清晰的概念。威廉·汉密尔顿爵士曾说过："集中注意力的艺术是一种专注的艺术，因此似乎有必要调动意识里的每一条神经，例如有些小学生就很有必要调整他们的注意力……此外，注意力和意识之间的联系，就如同小学生和他们视力之间的联系，或者又像是注意力和大脑思维之间的联系，也像是显微镜或者望远镜和眼睛之间的关系，分工协作才能事半功倍……其中集中注意力相当于所有智慧力量的一半。"布洛克·布罗迪爵士说过:"注意力的重要性,远远超过推理的理性力量,它也是不同人之间大脑思维的巨大差异之处。"还有正如贝蒂博士所说:"大体上而言,激活大脑思维的那种力量的大小,完全取决于注意力的集中程度。"

二、对比。接着要说的是对比阶段。我们把自己对"动物"形成的具体概念分成很多个次概念或者关于不同动物的单独概念。我们对所熟知的动物,猪和山羊、奶牛和马进行比较。通过比较,我们可以区分出动物们的相似点和不同点。我们可以认识到,狼和狗在很多方面都十分相似;狼和狐狸在某些方面也存在相似性;狼和熊之间的相似点就比较少;狼和马、奶牛以及大象之间有很大的差异。我们也知道,狼分许多种类,所有狼之间既有很多相似之处,也有一些不同之处。我们越细致地观察狼群的每个种类,越能找到它们更多的不同点。对比的功能同样存在于归纳推理中;同时对比还具备分析、分类、对比以及其他必要的能力。福勒说这些能力后来被扩大成"这些依据定论和科学事实所做的正确、清楚的推论最后上升到律条制约着我们,帮我们从已知走向未知,在与现实不协调的地方发现错误,让人拥有比较、解释、说明、批评和揭露等一系列卓越的天赋"。威廉姆·詹姆斯教授说:"我们通过区分在结果中获得的任何个人利益或实际利益,能让人心智如刀般锋利地做出甄别。对区别能力进行长时间的训练和实践,能够产生和个人兴趣所激发出的能量相同的效果。这两个媒介之间物理属性上存在少量差异,却同样有效地给大脑思维传递一个信息,在类似情况下,只有强者才会战胜弱者。"

三、**抽象**。对比的下一步骤就是抽象。"抽象"这个术语在心理学中的意思是"把物体的大量的固有属性进行分离的一个行为或者过程,其中我们把单一的个体当成观察和思考的对象。又或者说是撤销整体意识而把注意力抛向某个特定个体的行为。消极行为的反面就是积极的注意力"。抽象化是指"分离或搁置"。我们在考虑"动物"这个词的抽象进程时,在认清各个品种和单独个体之间的不同点和相似点之后,我们开始思考动物的某一种特性。为此,我们提取、搁置或者把我们要考虑的某种特性分离出来。如果我们打算研究动物的体型"大小"，应该先把"大小"这一特性从众多特性中分离出来，然后对其进行与之相关的单独研究。因此，从不同动物不同的体型这一角度去考虑，我们相应地可以据此对它们进行分类。我们以同样的方式可以对形状、颜色和习惯这些特性进行抽象化，再分别对这些特性有条不紊地进行观察和分类。如果想要学习、检验或者思考一件事物的某个特性，我们应该把这件事物的某一特性从其他特性中分离出来；或者我们把其他特性全部提取出来，只剩下某一个单独考虑。在检验或者思考一类或者一些事物的过程中，我们不仅要分离出这类或者这些事物的普遍特性，同时还要分离或者提取出它们身上相对来说非普遍的特性。

在刚开始探讨不同种类的动物的时候，我们会分离出一些动物共有的综合特性，例如泌乳和育儿袋；我们把这组动物称为有袋目动物，其中包括负鼠和袋鼠。这类动物小时候成长环境不太好，体型和身体状况发育得也不甚理想，所以在它们能自力更生之前，只能在育儿袋里被喂养。胎盘把未出生的动物同它们的母亲紧密地联系在一起,我们同样把这个概念从中分离出来,因为胎儿正是通过它,才能从母体内获得足够的营养。凡是具备这种特性的动物,被定义为有胎盘的哺乳动物。通过分离所有特性,或者区分相同点和不同点,有胎盘的哺乳动物可以划分成以下种类:贫齿目动物,例如树懒、食蚁兽和犰狳等动物;鲸目动物,或者鲸科动物,它们虽然外表看起来像鱼,但实际上属于哺乳动物,生出幼崽后采用母乳喂养,此类动物包括鲸鱼、大西洋鼠海豚和河豚等;蹄类动物,例如马、貘、朝天犀牛、猪、河马、骆驼、鹿、羊和奶牛等;蹄兔目动物,以兔子或者非洲蹄兔为典型代表;长鼻目动物,或者集群类动物,此类动物以各种大象为主要代表;食肉目,或者肉食类动物,以各种子族或者种群为代表;啮齿目动物;食虫目动物,或者食昆虫类动物;翼手目动物,或者飞行类动物;灵长目动物,包括猴子、狒狒、类人猿、长臂猿、大猩猩、黑猩猩,以及人类。

在这些例子中,你会看到每一种或者科类动物都具有一个共同特性,我们把它当成是它们的分类标准,这个特性在分析特定种群时成了抽象化对象。更进一步的抽象化就是把这些种类细分为"分支种类"。举例而言，"食肉目动物"或者"肉食类动物"这个种族，通过进一步抽象化，可以划分为以下这些种类：海豹、熊、鼬、狼、狗、狮子、老虎和美洲豹等。在这个过程中，我们必须进一步地对狼及其同类动物进行抽象化，把它们归类为犬科动物；以同样的方式把狮子和老虎及其同类动物归类为猫科动物。

哈莱克提到抽象时说："在抽象过程中，我们把注意力从大量凌乱的不重要的细节中移开，而仅仅关注于某类动物的共同特性。抽象就是一个把注意力集中在某些特性、忽视其他特性的过程。"

四、概括。抽象阶段的下一阶段就是概括。概括是指，使物体普遍化或者具体化的一个行为或者过程；在某种程度上把一些物体冠以共同的名称、头衔或者类别；把特别的物体变得普遍化；减少或者重新分类属种；把一个特称的事实或者一系列的事实，转变成一个更大的彼此紧密联系的圈子。正如布林布诺克所说："对于大脑思维，需要尽最大努力抽象化它的想法，尽早把最相近的或者临时想到的想法转变成综合性的概念。"以抽象之名,我们发现,借助于抽象可以把许多种族细分为很多科,依次把这些科细分为许多子科。再按照同样的方式,我们把这些子科,小范围地细分为包含许多单独个体的不同种族;或者我们把它们划分为范围越来越大的科或者种群。概括实际上是一个分类行为,把物体分类成具有某种特性或者共同特征的各个类别。最后的推论是,某种类别下的所有物体,一定具有这种类别所包含的一个特性或者共同特征。因此我们知道,属于食肉目的所有动物,一定以食肉为生;所有哺乳动物都依靠母乳喂养它们的幼崽。正如哈莱克所说:"我们把具有相似特性的所有物体,划分为一个种属或者类别。如果一些物体属于某一种属或者类别,那么我们就会知道这些物体都具有某些共同特性。"

五、命名。在具象或者分类之后的步骤是命名。命名指代的是"一个取名或者选定名字的行为"。一个名字代表一个符号,我们每次看到这个符号,不需要产生一个明显的精神图像,就能立即想到这个符号所指代的物体。或者,它可以被认为是一个指代相应事物的标签。在使用代数符号时，我们可以借用a、b、c、x和y等，简便地、快速地进行错综复杂的计算，相应地我们使用这些符号文字，指代冗长的描述或者事物本身所对应的意象。看到"马"这个定义要比我们去定义这种动物或者当我们想要想象它时在脑海里构筑它的形象来得容易。或者注意包裹或者瓶子上面的商标要比查看上面的说明细节轻易直观。正如霍布斯所说："一个单词作为某种标记，可以轻易地刺激我们的大脑回想起我们曾经有过的想法。而且，当有些人听到这个单词的发音时，不论说话者对这个词有没有确切的概念，在早于思维分析这个词前，听众都会接受并形成这个概念。"弥尔说："一个名字是一个词语（或者一组词语），它既能唤醒我们的过往经验，又能作为标志把它传输给他人。"一些哲学家认为名字是表达我们对事物的想法的标记，而不是事物本身；另一些则把名字当成是对事物本身的指代。不可否认的是，名字的价值主要依赖于使用名字的人正确地体会和理解名字的含义。

第四讲

概念的使用

概念在其形成和使用的过程中非常容易被人们的潜意识和惯性思维所迷惑，特别对于心智还不成熟的和没有逻辑基础的人群，所以在形成概念之前，必须正确理解和遵守它的五个步骤。

在仔细看完上文概念的几个步骤和阶段之后，我们来探讨一下关于概念的正确使用和避免误用。乍一看，误用概念很难发生，但是稍加考虑就会明白，人们会很容易错误地理解概念。

举例而言，一个小孩认识一匹马、一头奶牛和一只绵羊，并且听到过大人们用"动物"这个术语来指代它们。尽管这个术语在分类和概括上面非常广阔，但是它的指代非常正确。但是，这个小孩在最初认识动物的时候对更详细的分类细节一无所知。据此，对这个小孩而言，"动物"在指代狗或者奶牛、绵羊或者马时，就是相同的。这种情况下，当用到这个术语的时候，他会想当然地认为，所有动物和某一个动物都是类似的。日后，当听到"动物"这个术语用来指代外表完全不一样的生物的时候，错误就会产生，接着是迷惑。或者当一个术语指代更小的范围时，也会产生同样的麻烦。小孩子也许听到"狗"被用来指代藏獒，那狗就会具有藏獒的特性。接着,他听到同样的术语用来指代梗犬,就开始愤愤然并且哭喊出来,因为他认为后面那个根本不是"狗",它和狗完全不一样。直到认清"狗"的具体种类有很多种之后,他才会完全理解并重新形成一个与之相对应的概念。于是我们看到了陈述这个步骤的重要性。

小孩子以同样的方式,也许会联想到,因为个别"人"留有红头发和长胡须,所以所有的人都应该是红头发和长胡须。这么一个小孩总会把"人"这个概念当成是一个拥有上述提到的个人外表特征的生物。有位作家曾经说过,当前法国文学的读者可能会想象:所有的英国男人都是矮胖的、脸红通通的、性格暴躁的,而所有的英国女人都有漂亮的牙齿和大脚;当然英国文学的读者也可能想象:所有的法国男人看起来像猴子一样,而所有的法国女人都容易悲伤,爱卖弄风情。同样地,许多美国年轻人会认为:所有的英国男人习惯说"你也知道",而所有的英国女人喜欢不断地尖叫"真漂亮",还有每一个英国男人都佩戴一个单片眼镜。同样地,一个英国年轻人若是爱读本国的流行小说,也许会很容易把所有美国人想象成长腿、络腮胡子和大鼻子,他们在把背倾靠在椅子上、脚放在壁炉台上的时候,习惯说"哇哦,我想知道"、"我认为"和"告诉我"。美国西部人这个概念是相对于那些只到过布法罗城(美国纽约西部的一座城市,又作水牛城)的东部人的搞笑提法。同样地,我们已经知道西部人对波士顿人形成的概念:他们只喜欢吃烤豆子,偏爱一边进餐、一边阅读布朗宁或爱默生的书。

哈莱克说:"一个十岁大的挪威小孩,限于他的白种人特征,就认为所有人都应该是白皮肤。忽然有一天这个小孩看见一个黑人,他就拒绝把这个黑人当人,直到黑人的人类特性迫使他转变自己的观念并消除'白种偏见'。如果那个小孩看到过一个印度人或者中国人,那么他心中关于人这个概念又会发生进一步转变。"

一个小女孩同她酗酒成性的父亲以及兄弟们生活在一起,她就把"酗酒"深深地植根于她对男人的定义中。某个小男孩直到十一岁,才形成男人这个概念。另一个小男孩,晚至他少年时会认为,男人犯错不是因为

第四讲 概念的使用

计算错误,而是因为愚昧无知。忽然有一天,他听说一个富有的男人在他年迈的母亲最后重病的时候,没有去安慰他的母亲,他会想这个男人根本不知道他母亲的状况。于是男孩把实情告诉了那个男人,那个男人却叫他不要多管闲事。当天他又听说一些政治家们有意欺骗市民签订了合同,于是他立即修改了他脑海里对男人的概念。由此可见,我们必须在脑海里根深蒂固地记住,随着我们的生命在成长过程中发生变化,我们头脑里的概念也会做出相应的改变;起初这些概念的形成只是实验性的;以往的经验可以告诉我们,在任何时候都可能形成错误的概念,因为我们的抽象化程度太少或者过多,造成定义过于狭窄或者宽广,所以就需要这里添加一个特性,那里减掉一个特性,以此做出平衡。

现在让我们来思考"形成和使用概念"的心理过程。我们已经明白,我们只有首先对原材料做出陈述,然后才会形成一个概念。我们把注意力转向或者直接朝向一个物体,然后注意它的特性和属性。接着我们再对有待认识的物体或者我们已经认识的物体进行对比。我们把这个物体同其他物体或者我们大脑思维里的想法进行对比，记录下相同点和不同点，从而把同类物体和不同类物体各自分在一边。之前认识物体的范围越大，新旧物体或者想法之间的层次关系就越多。随着经验和知识的增加，相关物体或者想法之间的关系网会变得更加错综复杂。小孩子对马形成的概念，远比成人要简单。然后我们进入了下一个步骤——"分析"，我们把这个物体的所有特性进行分离，研究各部分的细节。抽象行为事实上是一个分析过程。然后，我们进入综合过程，经过对比和分析之后我们把这些材料综合起来，因此形成一个关于这个物体的具体概念或者想法。在这个过程中，我们通过对比和分析，认识这许多的特性，再把这些特性联系起来，集结成一捆捆，以"综合"为主轴把它们紧密联系起来，最终就有了一个真正的具体概念。所以马的首要概念是单一的，我们首先注意到，每个动物既有和其他事物的不同性，又有和其他事物的一致性；然后我们再分析马的各种特性，通过对比对马的各个部分和属性产生一个清晰明显的认识；然后再综合，我们把提及过的特性都联系到一起，最后形成一个关于马本身的，包括它所有特性的具体概念。当然，我们如果以后发现关于马的其他特性,就可以把这些特性再添加到我们固有的综合概念中去——我们对马的概念就此被扩大。

然而,这些形成和使用概念的各个步骤还没有被人的意识区别活动意识到,因为他的过程主要是直觉的和潜意识的,特别是在个人经验的案例中。潜意识或者习惯性思维,通常会把各种细节反映给我们,除了现实中我们有意地把意愿强加给对象,比方说在深入学习的时候,我们从非自愿转移到自愿的过程。每个过程中的每个步骤是如此紧密地联系和混合在一起,以致有些权威学者们激动地争论"对比和分析"这两个步骤的先后问题。有人称"分析"要在"对比"之前,因为没有人能在不先进行分析的前提下,就能对事物做出对比。又有人认为,"对比"比"分析"更重要,因为一个人只有把一个物体同其他物体对比出它们之间的异同特性后,才能分析出属于这个物体的特性。真理好像横在这两种看法之间摇摆不定,因为在有些情况下,进行分析和抽象之前就已经有了相同性和不同性的认知;然而在另一些情况下,对比前就能形成"分析"和"抽象"是可能的。在本书中，我们借鉴参考了当前权威学者们的观点，但始终没有统一答案。

正如我们已经了解到，一旦形成具体的概念，大脑思维就开始对某些具有共同特性的物体进行分类。像这样，假定某些类别的某些特性，之后从分类中进行概括。然后我们在一个越来越大的范围内，开始进一步概括和分类，其中包括没有标记的相似性，直到我们把这个物体和其他物体尽可能地划分在一个大类别里面或者一个有限的类别里面。正如布鲁克斯所说："概括是一个上升的过程。更广泛的概念要高于更狭窄的概念；一个概念被认为高于一种认知；一个具体概念胜于一个特指概念；因此我们从个体转向具体，从认知到概念，从低层概念到高层概念。形成许多低层概念后，我们向概括个体那样把它们概括成较高类别的概念。接着对这些较高类别施以同样的过程，继续这个过程直到我们最后抓住最高级别，抓住本质。在达到概括的顶点后，我们可以颠倒使我们上升的过程，从这个台阶上慢慢走下去。"

从概括或者综合这样一个过程，我们在简单概念的基础上创造了我们经常使用的具体概念。一些老一辈的专家们在区别这个类别时,把前者定义为"构想",把"概念"这个术语用于后者。布鲁克斯这么说过:"概括的产品是具体的思想,也就是'概念'。我们已经讨论过形成概念的方法,现在来思考概念的本质。……一个概念是一个具体的想法。所有和这个概念一致的物体,都属于和它一样的类别。这个具体计划包含了这个类别中各个级别不同方面的所有个体。因此'四足动物'这个概念包含所有有四只脚的动物,但并不是对任何四足动物的任何方面都符合;'三角'这个概念包含所有的三角形,但并不是对任何三角形的任何方面都符合。概念并不会完全符合任何一个特定物体,但也的确包含很多。上述几点可以被描述这些概念:马、鸟、颜色和动物等。"

接下来我们可以开始认识概念和图像之间的区别和差异。通常对于初学者来说,很难弄清楚两者之间的区别,以及一个事实——概念不能被图像化。清楚地区分和理解这一点非常重要,接下来的一讲中我们要对此做出进一步探讨。

逻辑十九讲
The Art of Logical Thinking

第五讲

概念和图像

概念相对于图像化，指代的范围更宽广。概念是一类事物的集合，而图像仅仅指代某个特定的事物或物体。这两者之所以经常被混淆，是因为图像化更具体，更容易被人们所接受。而概念本身包含的一个重要的特性就是抽象化。

我们之前说过,概念不能被图像化——不能被当成意象。学生会觉得这个陈述很复杂,因为他们已经习惯性地认为,每一个概念都能在思维中以意象的形式再现。但是只要稍加考虑,这个观点就很容易被看出是自相矛盾的。

举例而言,你对动物有一个明确的概念。当你谈到或想到它时,你知道它是什么意思。当你看到它时你能认出它,当别人提到它时,你知道他在说什么。但是你不能形成一个关于动物概念的意象。为什么?因为你形成的任何一个意象,可能是一幅关于某个动物的图画,或者是一些动物的综合体。你的概念太广泛、太具体而不会是一些动物的复合图像。事实上,你的概念不是某个具体物体的图像,而是包含了所有动物的各种特性的抽象化观念。就像代数符号X——这个符号只是指代某种存在的事物,而不是某种事物本身。

第五讲 概念和图像

正如布鲁克斯所说："一个概念不能被一个具体图像所替代。很明显，它是广指而不是特指。如果它的颜色、大小和形状都符合某种图像，那么它就是特指而不再是广指。"性感是尺寸合适的布包裹尺寸合适的肉体。哈莱克说："图像化任意概念很难不包含某种事物的部分图像。最好的意象都是明确清晰的，以至从它那里可以描摹出一张画。人可能被归类于男人这一类别，他拥有高翘的鼻子、金色的头发、稀疏的眉毛以及毫无伤疤的脸。任何一个'男人'概念中所包含的单独特性都会毁掉'人'的概念。如果我们形成一个关于苹果的形象，它可以是黄色的、红色的、绿色的或者赤褐色的，又或者大得像是温室里培育出的，或者小的如同海棠果。曾经有一个小男孩被问及提到'苹果'时他会想到什么。他回答说，他想到一个大大的、深红色的苹果，接近顶部的那一面有一个凹口。很明显这个男孩能够自己形成形象，但是他形成概念的能力仍然处于婴儿期。"

然后我们明白，如果一个意象必须描绘出一个类别中的某些特殊单位或者单独的特性、属性，以及外部面貌，那么一个概念一定能够包含属于整个类别的所有特性。具体概念曾被当成"一个具体想法……包含这个类别所有内容的具体观念"。接下来它也遵循一个事实，即这种"具体想法"不能被描绘出来。一张图像只属于一个特定事物，同时一个概念则高于特定事物。我们可以画一个人，但是画不出"种族意义"上的人。一个概念不是复制对某件事物的图像。相反地，它反映的想法是某一类事物。我们深信，那个学生在完全理解其中的区别和原委之后，一定会慎重考虑这一点。

但是，当一个概念不能被描绘成一幅图像时，毫无疑问一个理想化物体在思维和想象中会被当作一些类的特别代表。我们在谈论或者想起具体术语或者概念的时候，会假定已经认清它和概念之间的关系。无论如何，这些理想化的对象并不是概念——它们是通过记忆复制出来的认知。当然，对于那些只是想要表达出自己想法的人来说，有一点至关重要，他们都能把他们头脑中的概念转化成理想化的代表性事物。另外，他们倾向于变得更加理想化和普遍内涵的抽象化。哈莱克提出的看法很明确："如果有需要，我们应当在任何时候都做好准备，把我们的概念转化成单独的个体图像。一个概念除了指代某些单独个体以外，其他并不指代什么。没有这些个体，概念永远也不可能存在，它们有这种被指代的特性。一个人如果不能把自己的概念转化成关于合适的物体的确定图像，那么他既不适合教书和传道，也不适合从事其他任何职业……曾有一个男人非常喜欢抽象地谈论'水果'；但是把草莓放在他面前的时候，他却认不出来它是什么。一位幽默的作家评论道，一个形而上学者十分偏爱抽象的事物，非常讨厌具体的事物，有人把一个水蜜桃实物放在他面前的时候，他竟然拒绝食用。"

刚开始，许多学生在面对区分"认知"和"概念"之间的不同点时，往往陷入困惑。但是只要考虑充分，区分两者的不同点其实很简单。认知是指直觉的对象。概念是指思想的替代物。布鲁克斯提出了以下区别："认知是一个反映真实物体的精神产品；概念是一个反映同类物体共同属性的纯粹想法。认知代表一些特殊物体；一个概念不是特殊的，而是普遍的。一种认知可以用细节描述出来；一个概念只能通过综述总结出来。前者通常可以被图像所替代,后者不能被想象出来,只能被思考出来。"因此,一个人认清一匹特指的马之后,就可以把对这匹马的认知用图像画出来;但是马这个概念是一个类别或者普通术语,它并不能被图像准确地表达出来。

关于知觉和概念之间的区别,我们也可以引入"统觉"这个条目展开探讨,尽管有些人坚决不认可它存在的必要性和意义,并且拒绝使用它,但是许多现代心理学家支持这个条目被引入。统觉可以定义为:"知觉连同理解;知觉连同认可。"一个已经被认识的物体需要得到理解或者认可——换言之,通过对大脑思维里先前已经掌握了的想法进行推理,以一种新的知觉来认识物体。哈莱克对统觉做出解释说:"对物体产生的知觉,和我们已经理解并且掌握的想法密切相关。"所有人都拥有相当活跃的感官和注意力,他们会以同样的方式,在同等程度上认识同样的事物。但是每个人的统觉都会随着他自己的经验、受到的训练、脾气、口味、习惯以及风俗的不同而各有差异。举例而言,曾有一个小男孩爬上一棵大树坐在上面,看着过往的行人,记录下他们的谈论。第一个过路人注意到那棵树,大声地说:"这棵树是一块好木料。""早上好,卡朋特先生。"男孩说。另一位过路人说,"我敢打赌树上肯定有一个松鼠窝。""早上好,汉特先生。"男孩说。接下来一个女人看见一只鸟,感觉它漂亮而狡猾;一个猎人看到鸟之后,就想要立刻把它猎杀;一个鸟类学家看到这只鸟,把它当成某个种属,又或者觉得它很适合自己喂养;农民见了鸟,认为它会吃昆虫或者庄稼。一个盗贼看见了监狱,会觉得它非常可怕;一个普通人看见了监狱,认为用它来限制犯罪非常有效;一个警察看到监狱,会认为这是他工作事务中的一部分。诸如此类,统觉会因每个人的先前经验不同而有所差异。同样,一个科学家看到一只动物或者一块岩石,会发现容易被普通人忽视的诸多特性。我们的训练、经验和偏见等,都会影响到我们的统觉。

所以,我们现在明白,其实我们大脑思维中的概念一方面是由我们简单的观念所决定,另一方面由我们的统觉所决定。我们之所以能在大脑中想象出一个物体,并不仅仅因为我们的感官能够清晰地觉察到它们,同时也因为会受到我们先前的印象和想法的影响而改变。鉴于这个原因，我们发现不同的人会对同样的事物产生千差万别的概念。只有绝对的思维才能产生绝对的概念。

第六讲

术　语

术语是一个外部符号，是抽象概念的具体表达。它是演绎逻辑的重要组成部分。多个术语组成命题，而命题是各种逻辑的主要构成，术语的重要性也在这里，它是逻辑的基础。

在逻辑学中，概念和术语这两个词语表达的是同一个意思，但是在术语的习俗用法中，却存在着明显的差异。我们如果脱离逻辑这个词的理论性语境，就可以验证这种差异，因为概念这个词语表示的是大脑思维里的一种想法，而术语这个词语真正表示的是和一个想法或者概念相对应的词语或者名字——和想法或者概念相对应的一个指代符号。在前面的章节里，我们清楚了命名即"取名或者选定一个名字的一种行为"。它其实是形成一个概念的最后步骤或者阶段。实际上，文明人所使用的语言中的大部分词汇，都是用来表示具体想法或者概念的。正如布鲁克斯所说："要给每一个单独或者特殊的想法取一个特殊的名字，难于操作且不可实现；大脑思维会因为需要记下很多名字，迅速地变得不堪重负。几乎我们语言的所有单词里，常用单词的数量要远远超过特殊单词。除人物和地点，通过特称来区别不同事物相当少见。绝大多数物体都仅仅依靠常用名词来命名；我们学过的所有动词，几乎都是用来表达具体的行为；同时我们所学过的形容词，用来表示普遍的特性，副词则是用来指明行为和特性的种类。除了人名和地名，我们使用的语言当中，很少有单词是用来表达具体概念的。"

在逻辑学里，"术语"被用来表示任何词或者用来构造概念的词语。从思想主题的意义上来看，我们应该审慎地使用"概念"这个词语，不要给它赋予任何象征意义。概念或者思想主题是重要的元素或者事实和术语，是我们在表达时使用的一种简便的符号。我们必须牢牢记住，一个术语并不是由且只能由一个单词组成，因为通常会有多个单词一起被用来表示一个概念、有时候一个当前使用的术语甚至需要用一个完整的从句或者词组来表示。考虑到本书讨论的主旨，我们也许会认同：一个术语是一个概念的公开符号；一个概念是一个术语表达出来的想法。

演绎逻辑分为三个主要部分或者短语，即术语、命题和三段论。因此，考虑到术语，我们就进入到演绎逻辑的第一个阶段。除非我们对术语有一个正确的理解，否则根本不能指望弄清楚演绎推理接下来的步骤。杰文斯说："我们把术语连接在一起，就形成了命题。我们再把命题连接在一起，就形成了论证或者推理过程的一部分……如果我们认为把随便的一些术语和命题堆积在一起就是在进行推理，那么我们将一无所获。我们必须认真地遵守逻辑学的某些规则才可以获得一个充分的论证。但是，为了完全弄懂逻辑学，我们应该首先弄清楚术语是什么，以及大概一共有多少种术语；接下来要学习命题的本质和命题的分类。以后我们还应该学习，如何在推理过程中采用三段论的方式，把一个命题从其他命题的论证中提取出来。"

现在，在认识到术语其实是概念的一个外部符号或一种表达，是用来组成命题的物体的名称之后，接下来我们开始按照专家们采用的分类法，讨论术语的不同种类。

一个术语可能包含许多名词、实词或者形容词，或者仅仅只是一个单独的名词。因而在"Tigers are ferocious."（老虎是凶猛的）这个句子中，第一个术语是单一的名词tigers（老虎）；第二个术语是单一的形容词ferocious（凶猛的）。在命题"The King of England is the Emperor of India."（英格兰国王是印度的君主）中有两个术语，其中每个术语都包含两个名词，"The King of England"（英格兰国王）是第一个术语，"the Emperor of India"（印度的君主）是第二个术语。"The library of the British Museum is the greatest collection of books in the world."（大英博物馆的图书馆是世界上藏书最多的地方）包含十五个字但仅有两个术语：第一个术语是"The library of the British Museum"（大英博物馆的图书馆），其中有两个实词、一个形容词、两个定冠词和一个介词；第二个术语是"the greatest collection of books in the world"（世界上藏书最多的地方），其中包含三个实词、一个形容词、两个冠词和两个介词。杰文斯在作完上述陈述后，又补充说："一个逻辑术语并不仅仅由许多名词、实词或者形容词组成，连带着冠词、介词和连词把它们连接在一起；此外，之所以把它称作术语是因为它可以向我们指明，或者让我们想起一个单独的物体，或者一系列的、一个类别的物体。"（实词是指言语中表示物质的或者非物质的事物。）

按照术语的第一种分类法，我们可以把它们划分成两个具体种类：（1）单称词项；（2）一般词项。

单称词项，表示一个（件）单独的物体、人或者事情。虽然它表示一个（件）单独的物体、人或者事情，但是它也可以由几个单词组成；又或者它指代一个只由一个单词组成的名字。下面的这些词语都属于单称词项，因为它们都仅仅表示一个单独的物体、人或者事情："欧洲、明尼苏达州（位于美国中北部）、苏格拉底、莎士比亚、第一个人、最高的幸福、第一个原因、英格兰国王、大英博物馆、市政工程委员、美国纽约市大街。"在以上所有例子中，我们可以看出，单称词项指代一个特称的事物、一个具体的事物、一个独一无二的事物、一个拥有独有特性和个性的事物。正如希斯罗普说："独一无二不仅仅是特性上的单一，它更是独立的、唯一的一个实实在在的整体。"

一般词项，同样意义上，适用于每一个独立的物体、人或者大量的事物，或者同一类型中的人或者事情，又或者一个类别中包含的同一类型的人或者事情。举例而言，"马、人、两足动物、哺乳动物、树、图标、沙粒、物质等"。希斯罗普提到一般词项时说："这些例子中的术语不仅仅指示单一的物体，同样指代同类型的其他物体。在解释什么是普遍命题的时候，它们的含义显得分外重要。"

按照术语的第二种分类法，我们可以将其划分为两个不同类别：（1）集体式术语；（2）分布式术语。希斯罗普提到这种分类时说："这种划分法，是基于同类术语的集合和分布之间的区别。巧合的是，单称词项和一般词项中，后者总是呈分布式。"

集体式术语，表示的是同样或者相似的物体、人或者事情的集合式整体或者收集式整体，其中收集式整体被认为是一个单独个体，尽管它由彼此分离开的单独物体、人或者事情所组成。因此接下来的术语：阵营、集合、军队、家庭、群体、民族、公司、军营、种类、国会、议会、大会，等等，都属于收集式术语。因为它们被认为是一个单独个体用来表示可收集的、集合式的或者复合式的整体。

分布式术语，表示的是一个选定的类别中的单独物体、人或者事情。比方说，男人、四足动物、两足动物、哺乳动物、书、砖石、树等。希斯罗普说："一般词项总是呈分布式。另外，我们必须认清'类别整体'和'收集式整体'之间的区别，这一点至关重要。……学生们对这种复杂的分类常感到头痛不已，于是用一个术语来表示类别术语和收集式术语。"

按照术语的另一个具体分类法，我们将术语划分为另外两个不同的类别：（1）具体术语；（2）抽象术语。

具体术语，表示的是受限于认知和经验的被确指的物体、人或者事情，也可以被认为是实际存在的对象，比如，马、男人、大山、美元、小刀和桌子，等等，或者是对象属性的一种思考；也可以被单独地当作是一种属性，比如，美丽的、聪明的、高尚的、善良的等。

抽象术语，表示的是脱离于物体、人或者事情，抽象存在的属性、特质，比如，美丽、明智、高贵、善良、美德等。我们在其他地方看到，这些特性本身并不真实存在，但是我们联系到具体的物体、人或者事情的时候，会知道或者想起它们。所以，我们虽然不知道什么是"美丽"，但是却知道什么是美丽的事物；我们不知道什么是"美德"，但是知道什么样的人是有美德的人，等等。

当我们用一个形容词来表述术语的时候，这个形容词就是一个具体的属性或者特性；当我们用一个名词来表述术语的时候，这个术语就代表一个抽象的属性或者特性；比如，"美丽的"和"美丽"两个术语：我们虽然不知道什么是"美丽"，但是却知道什么是美丽的事物；"有美德的"和"美德"两个术语：我们不知道什么是美德，但是知道什么样的人是有美德的人。它们的区别，我们可以总结如下：一个具体术语，是一个事物的名字或者一个用形容词表述的事物特性；一个抽象术语是一种事物的特性的名称，其中这个名称用来表达一件"事情"本身。

某些术语既能被用作具体术语，又能被用作抽象术语，有些权威学者把它们称作混合术语，比如政府、种族、哲学等。

按照术语的另一种分类法，可将其划分为两个不同种类：（1）肯定术语；（2）否定术语。

肯定术语，表示它本身所具有的特性，比如，好的、人类的、大的、方形的、黑色的、强壮的，等等。这些术语表示它本身所具有的特性。

否定术语，表示它本身不具有的特性，比如，非人类的、无机的、不好的、不高兴的、非导电的，等等。这些术语并不是断言相反特性的存在，而是否定了某些特性的存在。它们主要在本质上和形式上保持否定态度。杰文斯说："我们通常可以通过术语的否定前缀un-、in-、a-、an-、non-，或者否定后缀-less，来确立一个否定术语。"希斯罗普说："否定术语的常用符号有in、un、ess、dis、a、an、anti、mis，有时也包括de，还有non和not。"杰文斯补充说："假设英语是一种完美无缺的语言，那么每一个术语都应该有准确的相对应的否定术语，因此所有的形容词和名词都应该成双成对。例如，与'方便的'相对应的是'不方便的'；'金属的'对应'非金属的'；'逻辑的'对应'非逻辑的'，诸如此类；所以'蓝色'一定有它的否定词'非蓝色'；'文学的'对应'非文学的'；'纸张'对应'非纸张'。但是在这些否定术语中，大多数都很少或者从未被使用到，假如我们忽然间需要用到它们，我们可以临时在肯定术语前面加上not-或者non-，创造出相对应的否定术语。于是，我们在词典里看到的多是常用的否定术语。"

杰文斯也曾说过："有时候同样的一个词语，拥有两个甚至两个以上的否定词，并且这些否定词之间都有很大的不同之处。'undressed'（没有穿衣服）和'not-dressed'（衣着随便）之间有很大的区别，后者意是指'非正装出席，即穿的不是晚礼服'。两个看起来都像是'穿衣服'的否定词，但是造成这种差异的原因在于，这个词语本身具有两个不同的含义。"

有些权威学者们声称要进行更为细致的、深入的分类，比如说，他们称有一种"二元对立术语"，表示一种物体、人或者东西曾经拥有，但是现在已经失去了的特性，例如，聋的、死的、盲的、黑暗的等。希斯罗普称这些术语"在形式上是肯定的，但在内容及其含义上是否定的"。在另外一种情况中，他们声称存在一个可商榷的肯定术语，表示"一种以否定方式表达肯定的特性"，例如，不同意的、非人类的、没有价值的等。然而上述提到的这些种类，被一些人当成由"走极端"倾向产生的分类结果，其中的两种具体分类，"肯定术语"和"否定术语"，被多数学生认为是不言自明的。同样的物体有时被用来分类，这一类可以称作"无限术语"，它表示"种类术语"中每个术语的表达效果，比用相对应的肯定术语表达物体、人或事情更具有区别性。这个术语旨在把肯定的想法归为一类，把剩下的想法归为另外一类。这类术语可以用以下例子表示：非我、非动物、非树、非道德等。希斯罗普提到这些术语时说："它们在修辞学上很少被认为是优雅的，但是它们经常能有效地把大脑思维中完全否定和无限否定的本质反映出来。"

按照术语的又一种分类，我们将术语划分为两个不同种类：（1）绝对术语；（2）相对术语。

绝对术语，表示物体所固有的本质属性，这种本质属性和其他物体之间并不存在任何联系，比如，男人、书、马、枪等。这些术语可能同其他术语有关，但是和其他术语没有必然联系。

相对术语，表示这个术语和其他术语之间一定存在必然的联系，比如，父亲、儿子、母亲、女儿、教师、小学生、校长、雇工等。因此除非联系到"父母双亲"，否则不可能想到"孩子"，反过来也一样。一个术语能够证实与之相关的其他术语的存在。

希斯罗普提到上述分类时说："相对术语说明，与之相关的其他单独个体，具有这个术语的部分含义，然而绝对术语却必须包含和其他术语毫不相关的主体对象的特性。"

有些权威专家们甚至把术语分为高级的和低级的，或是宽泛的和狭窄的。这种分类法，旨在表明术语的内容层次和范围大小。举例来说，我们开始分类的时候，先选取一部分个体，把它们归为一小类。根据它们的相似点，我们把这些小类归为更大的类。然后，我们再把这些更大的种类归为更大一类的某一部分。接着如此重复下去。我们如果继续进行这样的分类，就形成了更宽的术语；如果我们倒退，把具体的种类细分为相对不具体的或者更为个体化的种类，这样的术语就变得越来越窄。有时宽泛的术语包含狭窄的术语，我们就把前者称为"高级术语"，把后者叫作"低级术语"。因此动物和狗、猫或者老虎相比，属于一种更高的、更宽的术语，因为前者包含后者。布鲁克斯解释说："因为一个概念由单独个体的共同属性集合而成，其中它既包含所有属性，也包含单独个体。概念的属性成分叫作内容，概念包含的个体成分叫作范围。"

通常来说，概念或者术语中包含的物体的属性，叫作术语的扩展；同时一个包含属性和特性的特征，叫作术语的加强。然后我们得到一个顺其自然的结果，一个术语的扩展度越大，它的强度就会越小。我们加以思考就会更清楚地认识到，一个术语包含的单独个体越多，它包含的共同属性或者共同特性就会越少；同时它包含的共同属性越多，包含的单独个体就越少。正如布鲁克斯所说："人这个概念的扩展度比诗人、演说家和政治家都大，因为它包含更多的个体。至于更小的强度，我们需要把诗人、演说家和政治家之间明显不同的特质放置在一边，再把它们融合成一个类别术语'人'。"同样地，动物这个具体术语的范围相当广泛，因为它包含的单独个体都具有很多特点和特性，这些特点和特性包罗万象、各有差异；比如，狮子、骆驼、狗、牡蛎、大象、蜗牛、蠕虫、蛇等。相对来说，动物这个术语的强度很小，因为它仅仅包含所有动物的共同特性，事实上这些共同特性少之又少。术语的定义表明，它的强度很小，例如，动物是一种在各方面都超越植物的有机生物，它尤其拥有随意运动的强大灵敏度、意愿和力量。另外一个关于动物的强度更小的定义是，一个拥有或者已经拥有生命的生物。哈莱克说："动物在强度方面很狭窄，在扩展度方面很宽广。所有动物的共同特性很少，但是却包含了大量的个体。为了更全面地理解扩展度，我们必须给每一个动物命名，从滴虫到老虎，从蚯蚓到鲸鱼。当我们减小至'马'的扩展度后，个体数量变得很少，共同特性则变得很多。"

所有权威专家们一致认为，形成清晰明显的概念，和通过分组、分类和概括，把这些概念划分为更大、更广的概念和术语，是形成有建设性想法的真正基础。布鲁克斯说："概括是语言的根基：只有人类才可以形成具体的概念，然后形成人类所使用的语言……这里面'具体的'词汇要远远多过'独有的'词汇……这种概括的力量也是科学的根基。我们在没有力量形成具体的想法之前,每一种生物都在自动学习,因此我们绝不能忽视构成语言的每一个字母。失去最简单的术语,判断将永不可能;我们也会明白,三段论中最简单的形式也很难被创建出来的;整体不会从个体中导出,反之亦然;也因此无论是归纳推理还是演绎推理,都不可能被实现;任何科学的分类方法也不可能形成;所有的知识也将永远停留在科学殿堂的入口。"

第七讲

术语的含义

明白术语的含义，不仅仅是知道它的概念或如何分类，更重要的是，给出一个术语，它如何在你的脑子里完成一个从抽象的概念到一个可伸展的具象的过程。这个具象的完整度取决于你的想象力。

有些权威专家倾向于认为每一个术语都有它的含义，或者内容。组成术语的一个单词或者多个单词，实际上只是口头声音；它们作为一种符号，表示术语的真正含义，它只有被人的思维充分理解才有存在的意义。对于一个不理解术语含义的人来说，术语只是一个没有意义的声音，但是对于一个真正理解的人来说，声音会唤醒想象力和精神象征，作为思想的符号服务于目的。

每一个实在的具体术语都有两层含义：（1）这个术语表示实际存在的物体、人或者东西；（2）这个术语所包含的所有的物体、人或者事情的特性、特质和属性。举例而言，在"书"这个实际术语中，第一层含义包含我们在联想到一本书的时候产生的具体想法，第二层含义包含使之成为一本书的各种特性，例如书页、封皮、外形和封面等。其中不只有这本特指的书，其他只要是拥有同样或者相似属性的实物，都可以叫作一本书。因此，任何时候，我们只要把一件实物称作书，那么它就具备上述所说的所有特性。另外，任何时候只要把包含这些特性的想法综合在一起，就会想到一本书。杰文斯说："现实中，每一个普通的术语都有双重含义：它不仅指代它所表示的事物……它还指代，在一个完全不同的方式下，存在于实物中的所有特性和特质。逻辑学家们说，术语指代的事物实际上是术语的扩展度；与此同时，大量的特性或者特质，指代的是术语的强度。"

术语的扩展度和强度在前面一讲中已经做过阐述，所以在本讲中不再赘述。普通分类法中，术语的扩展度的等级被分为两类，分别是"属"和"种"。我们对一个术语的强度特点进行分类，采用下面三个术语来表达，分别是"差异""属性""意外性"。

"属"这个术语表示："包括几个类别的一级事物，一个级别比一个种类范围更广，全称可以不同种的所有事物。"

"种"这个术语表示："一个比属小的事物的类别，一个属可以由两个或两个以上的种构成；可以断定的事情是它能反映出在术语范围内的任何主题的本质。"

一位学者说:"'种'和'属'之间的关系非常紧密,同样的一个术语,在一种情况下可以指代一个包含单独个体的种,在另一种情况下又可以指代一个物种所包含的所有个体。因此,'乔治'这个个体,属于'人'这个逻辑学的'种',同时'人'又是'动物'这个逻辑学种所包含的个体。"杰文斯说:"用名称表明一个类别包含另一个类别非常有效,相应地,我们又把整个类别划分成两个或多个'属',然后再划分为更小的'种'。"动物是一个属,人是一个种;同样地,人是一个属,白种人是一个种;白种人是一个属,苏格拉底是一个种。学生在"自然史"里使用同样的术语的时候,必须注意避免混淆"属"和"种"的逻辑学含义。每一个类别相对于比它低级的就是"属";每一个类别相对于比它高级的就是"种"。我们把最低级的类别称作最低种,最低的种不能被进一步细分,例如,"苏格拉底"——这个最低的种,只可能是一个物体、人或者事情。我们把最高级的类别称作最高类或者最高属，最高属绝不是任何一个种，因为没有比它更高的类别了，例如，本质、存在、现实、真理、绝对的、无限的、最终的等。希斯罗普说："在现实情况中，最高属的数量只有一个，但是最低种的数量却多得难以统计。处于这些极限间的中间术语，有时被称作'次术语'，鉴于它们被认识的程度，又可以被当成是'属'或者'种'。"

轮到对术语的强度进行分类时，我们发现：

"**差异**"这个术语表示："种和属之间的一个或者多个区别性标记——明确的个性。"因此皮肤的颜色，成为黑人和白人之间的差异；脚的数量，成为双足动物和四足动物之间的差异；树叶的形式和形状，成为橡树和榆树之间的差异；等等。希斯罗普说："一个物体和另一个物体之间的区别之处都可以被称作不同点。共同特性外的补充性特点，决定了同一个属下面的种或单独个体之间的不同。"

"**属性**"这个术语表示："任何事物的一个独有特性；任何事物所固有的内在性质或者基本特性。"因此，属性是一个类别的区别性标志。因而，黑色皮肤是黑人种族的属性;四条腿是四足动物的属性;树叶的特殊形式是橡树的属性。所以两个种之间的差异,可以是其中一个种的属性。

"意外性"这个术语表示:"任何特性或者条件可以属于或者不属于这一类别;或者,不能真正地成为一个物体、人或者事情的本质的东西。"例如,红玫瑰,但是有些玫瑰即使不是红颜色,也依然是玫瑰——颜色就是玫瑰的"意外性"。或者,白色的砖也是砖,尽管绝大多数的砖是红色的——红色和白色就是砖的意外性,而不是它的基本属性。沃特利说:"意外性在逻辑学上分为两种类型——'可分离的'和'不可分离的'。假如行走是人所具有的意外性,那'行走'就是可分离的,因为他尽管仍然站着不动也不会成为其他什么东西;相反的情况是,假如西班牙人是他的意外性,那么'西班牙人'就是不可分离的术语,因为他无法摆脱,从'人种学'上来说,他天生如此。"

从术语的含义或者内容的分类,我们发现,这个过程可以被称作"定义"。

"定义"这个术语表示:"对一个字或者术语的

解释。"在逻辑学中，定义是用来指代一个分析过程，在这个过程中，一个术语的属性和差异可以被清晰地阐述出来。当然我们可以把定义分为好几种。例如，有一种叫作"真实定义"。沃特利把它定义为："用特定的名字解释事物的本质的定义。"还有一种"物理定义"，即"能被列举的可分离的定义"，比如船的壳、桅杆等。还存在一种逻辑定义，即"一个包含'属'和'差异'的定义"。因此假如一个行星被定义为"漫游的星星"，那么其中的"星星"是属，"漫游"是一个行星和一颗普通星星之间的差异。偶然定义是指："对事物偶然特性的一个定义。"本质定义是指："对一个物体、人或者事情的基本属性和不同的一个定义。"

克拉布对定义和解释之间的区分如下："定义是准确和精密的；解释是普遍或充分的。一个词的定义，指代或者限制了它的意义范围；这是学者使用它的局限；一个词的解释，可以同时包含定义和说明；'定义'并不需要过多的词汇，只要表述出主要特征即可。'解释'对于解释者来说，没有限定范围，可以自由发散。"

希斯罗普对"逻辑定义"做出了完美的解释,他定义了逻辑学上关于术语的最合适的含义。他声称:

逻辑定义受限于如下几种规则:

定义必须表明这个种的基本属性。

定义不能包含被定义的单词本身,否则定义就被称为定义怪圈。

定义必须准确地表达被定义的种类。

定义不能用晦涩的、比喻过多的和有歧义的语言表达。

定义若能用肯定的语言来表达,就不要用否定的语言来表达。

准确的定义,不能缺少"分析"和"综合"这两个过程的参与。

"分析"这个术语表示:"把事物分解成组成元素、特性、属性和特质。"我们能很快明白为了准确地定义一个物体、人或者事情,为了认识它的基本的、偶然的属性和差异,必须先分析后者。除非能清晰完整地认识特性、属性和特质，否则我们不能恰如其分地定义物体本身。

"综合"这个术语表示："把两个或者两个以上的东西结合在一起的过程；在逻辑学中，指代一种组合方法，它与分解或者分析相反。"在表述定义的时候，我们有必要把我们通过分析获得的各种基本特性、属性和特质合成一个整体，从总体上进行思考，这个整体组合就是术语表达出的物体的定义。

逻辑十九讲
The Art of Logical Thinking

判　断

人类从幼儿到成人，无时无刻不在判断。有了它，人才会认同或者反对。随着认知的积累，认同和反对会互相转换。判断只是单一的心理过程，不形成文字或可见的实体。

推理过程的第一个步骤是概念或者形成概念。第二个步骤是判断，或者认知两个概念的相同点和不同点。

判断在逻辑学中被定义为：把对物体理解的复杂的或不复杂的两种见解、概念或者想法放在一起在思维中对比，分析它们之间的异同，或是一个属于或不属于另一个。因此判断分为两种，即正面的判断和负面的判断。

当我们头脑里形成两种概念时，我们会把它们拿来做比较，最后得到一个关于它们的相同点和不同点的结论。在逻辑学里，这个对比和决定的过程叫作判断。

在判断的每一个步骤中，都必须包含至少两个概念用来检验和对比。这个对比会得出一个关于共同点和不同点的判断。举例来说，我们有两个概念——马和动物。我们检验和对比这两个概念，发现它们有一个共同点。我们发现"马"这个概念被更高等级的概念"动物"所包含，因此我们得出论断："马是一种动物。"这是对共同点的一个表述，同时也是一个肯定判断。然后我们对比"马"和"奶牛"这两个概念，发现它们有一个不同点，我们在陈述判断时说："马不是奶牛。"这个判断表达出来的不同叫作负面判断。

上面的描述对比了"马"和"动物"这两个概念，我们发现第二个概念"动物"比第一个概念"马"的范围更宽广，事实上其宽广的程度达到可以包含"马"这个概念。术语不能够对等，因此，现实中我们绝对不可以说"一个动物是一匹马"。或许利用一部分范围宽广的概念包含范围狭窄的概念的事实，我们可以说："一些马是动物。"有时两个概念都处在同样的等级，我们可以表述说："人是一种理性动物。"

在判断的过程中，总要在肯定和否定之间做出一个理性选择。在对比马和动物这两个概念的时候，我们必须决定：马是一种动物，还是不是一种动物。

哈莱克在强调判断过程的重要性时说："如果概念是孤立的，那么它没有一点用。"孤立的事实比无纺羊毛更无用。我们会对'三叶常春藤'这个类别产生一个概念,我们也会对'毒药'产生一个概念。除非通过判断把这两个概念联系起来,判断出这种三叶常春藤是有毒的,我们才会接受它并作为毒物使用它。我们会对面包、肉、水果和蔬菜各自产生相对应的概念。如果我们同样拥有食物这个概念,却不把它与面包、肉、水果和蔬菜联系起来,我们将会饥饿至死,因为我们不会把它们当作食物。现在我们假定一种情况,一艘船在远洋航行,它向另一艘船发出信号,船员们正处在极度缺水状态。当然所有船员都对可以喝的东西和水有一个概念。首先令人惊讶的是,第二艘船发回信号:"从海里面取水,直接饮用。你们现在在亚马孙河口。"干渴的船员们没有把"可以饮用的"这个概念同身边的"海水"联系在一起。再举一个例子,一个男人喝多了鸦片酒,他的妻子白白浪费了大量宝贵的时间出去为他寻找解毒剂,因为她头脑里只有各种概念,却没有判断。然而,她对咖啡和芥末非常熟悉;她也知道她的丈夫需要鸦片的解毒剂;但是她从没有把这些概念联系起来,也没有判断出咖啡和芥末是鸦片酒的解毒剂。她若是能做出这个判断,那么她就是一个非常聪明的女人。判断是

第八讲 判　断

一种可以彻底革新和改变整个世界的力量，这种革新过程进行得很缓慢，因为大自然的力量如此复杂，如此难于发现本质，如此善于伪装而且现有的自然力量时刻在发生着中和作用。幸运的是，判断只需要一个人安安静静地思考，把现在的事物和过去的事物进行对比，找出它们的不同点；它一直在持续地抽象化，从观点立场中分离出各种特性，这些特性之前往往使问题变得烦琐。

"判断"在应用的过程中，同时具有分析性和综合性这两个特点；又或者两者都不具有。当我们把一个狭窄的概念作为宽广的概念的一部分进行比较的时候，进行的是一个综合过程或者组合行为。当我们把一个概念的一部分同另一个概念相比的时候，这个过程就是分析。当我们把两个在等级和范围上都保持一致的概念进行对比的时候，这个过程既不是综合也不是分析；陈述句"一些动物是马"的判断是分析性的；陈述句"人是一种理性动物"的判断，既不是分析，也不是综合。

布鲁克斯说："在某一种意义下，所有的判断都是综合性的。一个判断包含两种想法的集合，这种集合是一个综合的过程。无论如何，它的过程起码表面上看起来是这样的。这样的一个综合,仅仅是一个机械性的综合;这个综合的下面是一个思考的过程,它有时是分析性的,有时是综合性的,有时两者都不是。"

布鲁克斯又说:"被表述的思维过程就是逻辑判断。严格的意义上,每一种思维的智力行为,都和判断有关。'认识'就是去辨别,就是去判断。每一个感觉或者认知都包含一种知识,所以判断才会形成。失去判断,我们的大脑思维将完全不能进行思考;思考就是判断。即便在判断对比形成见解时,思维也判断。每一种见解或者概念在形成之前,都需要经过判断:在形成一个概念之前,我们会先对比各种共同属性,然后整合;对比的过程就是一种判断。因此事实上,'每个概念都是一个收缩的判断;每个判断都是一个扩大的概念。'有一种判断叫作'原始的判断'或者'心理学上的判断',通过它我们可以断定,意识状态一定存在,并且能区别特性,分辨认知,并形成概念。"

逻辑判断包含两方面,也就是扩展判断和强度判断。我们把"马"和"动物"这两个概念做出对比后,发现"马"的概念被"动物"的概念所包含,所以"一匹马是一种动物"可以被认为是扩展判断。在上述的对比中,我们明白"马"这个概念包含动物的特性,并把这种特性归类于马的特性,所以"一匹马是一种动物",也可以被认为是强度判断。布鲁克斯说:"关于判断的这两种观点都是正确的;大脑思维可以通过运用任意一种获得判断。扩展的方法,通常显得更为自然。"

当判断以文字表述出来时,我们称之为命题。有些人在区分这两个术语时会感到迷惑,他们都坚持认为,一个判断和一个命题都是确指的,"命题"或许是用来准确地表示"判断"本身。但是有些权威学者在竭力寻找更清晰的表达,现在一致认为:"命题是用文字表述出来的判断。"在下面一讲中,我们将针对"命题是表述出来的判断"这一主题展开更为广阔的思考,我们在此处忽略对命题的思考是为了避免重复。正如概念和术语这两个不同的主题紧密相连一样,判断和命题也同样如此。当然,在每种情况下,一方面会存在一个心理过程的因素,另一方面也需要对它进行真实的表达。我们要把这个事实牢记于心。

逻辑十九讲
The Art of Logical Thinking

命 题

判断形成文字,或被语言表达出来,就是命题。命题很像语文中的判断句,不同的是,逻辑学家把它研究得更深了,使它有了数学的精确性。

我们已经弄清楚了什么是演绎推理的第一个步骤，并且把这个步骤称作概念。至于它的第二个步骤，我们把它称作命题。

在逻辑学中，命题是："用来肯定或者否定术语之间联系的一个句子或者它的一部分；它倾向于限制判断的范围，而不是扩大问题和命令。"希斯罗普把命题定义为："对主从两个概念达成一致的一种肯定或者否定。"

我们可以在下面的句子中找到"命题的例子"："玫瑰是一种花"；"一匹马是一种动物"；"芝加哥是一座城市"；以上每一个命题都是对其中两个术语的共同点的肯定。同样，"一匹马不是一匹斑马"；"粉红色不是玫瑰"；"鲸鱼不是鱼"；等等，以上每个命题都是对其中两个术语的共同点的否定。

命题的组成部分是："（1）主语，被肯定或者否定的部分；（2）谓语，根据主语相应地被肯定或者否定的部分；（3）系动词，一个用来连接主项和谓项之间关系的动词。"

在下面"人是一种动物"这个命题中："人"这个术语是主语，"一种动物"是谓语，"是"是系动词。肯定的命题一般出现在现在时的陈述句中，其中系动词常常是动词"是（to be）"；同样，否定的命题的常常是"不是（not to be）"。系动词并不总是直接通过"是"或者"不是"来表达，而是通过包含肯定或否定含义的短语来表达。比如，我们说"他奔跑（He runs）"，指代的是"他正在奔跑（He is running）"。同样地，有时候句子中会出现谓语缺失的现象，例如："上帝是（God is）"，它表达的意思是"上帝是存在的（God is existing）"。在有些情况中，命题的顺序结构被颠倒，谓语出现在句首，主语位于句末，例如"和平使者是神圣的（Blessed are the peacemakers）"；或者"真理是强大的（Strong is Truth）"。在这些情况下，我们要根据术语的结构和含义去判断一件事情。

"肯定命题"是谓语被主语所肯定。"否定命题"是谓语和主语间的关系被否定。这两类命题的例子见上。

按照命题的另一种分类方法,我们将其划分为三类:(1)绝对命题;(2)假设命题;(3)选言命题。

在绝对命题中,不需要任何限制条件下,我们就可以达成确认或者否决,例如:"人是一种动物","玫瑰是一种花",等等。我们提供的事实可能不是真的,但是能被肯定确立的言论,必定是对现实的陈述。

在假设命题中,需要依据一些具体的条件,比如环境和假定,才能达成确认或者否决,例如:"假如水被煮沸了,那么它肯定能烫伤人";或者"假如火药是潮湿的,那么它不能被引爆";等等。正如杰文斯所说:"假设命题中一般包含一个很小的词语'假如',但是有一个问题有待商榷,即这种命题和其他命题是否真正存在很大的差异……我们可以很容易地说'煮沸的水能烫伤人',还有'潮湿的火药不能被引爆',因此就避免了使用'假如'这个词语。"

选言命题是一个有选择性的说明或判断,通常包含连词"或者(or)",有时加上"要么

（either）"，举例说，"闪电是片状的或者叉状的"；"拱桥是圆形的或者尖形的"；"安格鲁人是憨直的或者敏锐的"。

按照命题的另一种分类方法，我们将其划分为下面两个类别：（1）普通命题；（2）特称命题。

普通命题，是谓语的肯定或者否定范围包含了整个主语。举例而言："人都是骗子。"这个命题做出了肯定，整个人类都被归为骗子，不仅仅是一些人而是所有人都属于这种情况。同样地，"没人能长生不死"是一个普通命题，因为它是一个普遍的否定。

特称命题，是谓语的肯定或者否定范围只包含主语的一部分，例如："有些人是运动员"，或者"有些女人不是虚荣的"，这两个命题的肯定或者否定，都不包含主语的全部或者整体。还有其他的例子："一些男人"，"许多人"，"一些书"，"大部分人"，等等。

希斯罗普说："普通命题的标识通常以所有、每一个、各个、任意、整个或其他相当的词语引入。特称命题的标识是以某个数量的形容词，比如，一些、某些、有些、许多、大多数或其他类似的词语,指代一个类别或一部分。"

逻辑学家们一致认为,命题主语中术语的周延性非常重要,正如希斯罗普所说:"它对决定推理过程的合理性或者至少是可理解性和保证推理被接受和认可非常重要。"一些权威学者们倾向于使用"命题术语的限制性(qualification)"这个表达方式,但是普通人常用"周延性(distribution)"这个词。

逻辑学对"周延性"的定义是:"为了包含所有的含义和用途,把一个普遍整体分成若干个种类,以期最大程度上使用和应用术语。"

命题的术语是"分布式的"意思是,它的限制内容是最大化的;也就是说,这个命题的术语包含了它所指代的各个或者每一个物体、人或者事情。因此在"所有的马都是动物"这个命题中,术语"马"是分布式的;在命题"有些马是纯种马"中,术语"马"是非分布式的。以上的两个例子,都和命题主语的"周延性"紧密相关。但是命题的谓语可能是分布式的,也可能是非分布式的。比如,在命题"所有马都是动物"中,谓语"动物"是非分布式的，也就是说没有被完全包含，因为动物不都是马，因此，没有被最大化的谓语"动物"被理解是"非分布式的"。命题真正的意思是"所有的马是某些动物"。

无论如何，我们在思考命题术语的周延性的时候，必须牢记一点，布鲁克斯把它表述为："周延性是它自身的表达形式，有时它会被思想所决定。因此我们说'人终有一死'指的是所有人，其中'人'这个术语是分布式的。但是假如我们说'书对于图书馆来说是不可缺少的'时，我们指的是并不是'所有书'，而是'部分书'。测试'周延性'的目的在于确定这个术语能否适用于'各个和每一个'。因此当我们说'人终有一死'的时候，我们是指每一个人都终有一死。"

命题术语的周延性规则如下：

（1）所有的普通命题中，主语是分布式的。
（2）所有的特称命题中，主语是未分布式的。
（3）所有的否定命题中，谓语是分布式的。
（4）所有的肯定命题中，谓语是非分布式的。

上述规则都是基于逻辑推理形成的。形成前两个规则的原因非常明显,因为如果主语是"普遍的",那么整个主语的所指都被包含;如果主语是"特称的",那么主语的部分所指被包含。在第三个规则中,我们不难发现,对于每一个否定命题,整个谓语都被用来否定主语,举例而言,当我们说"有些动物不是马"的时候,马的整个类别都和主语发生了分离,因此"马"是分布式的。在第四个规则中,我们可以轻易发现,在肯定命题中,整个谓语没有被用来否定主语,举例而言,当我们说"马是动物"的时候,我们并不是表示"马是所有的动物"。它们仅仅是动物这个类别的一部分或者一个分支——因此,"动物"是非分布式的。

除了命题的形式以外,还有一类命题被称为"限定命题"或者"代用命题"。在这类命题中,主语和谓语在范围和等级上都完全保持一致。例如,在命题"三角形是有三条边的多边形"中,"三角形"和"多边形"这两个术语是可替换的;换句话说,这两个术语都可以相互替代。这就是"代用"的意思。术语"限定"

起源于这样一个事实,即"命题中的各个术语都彼此限定"。所有的逻辑型定义都以最后提及的术语形式表达,因为在这些命题中,所有的主语和谓语都保持了精确的对等性。

逻辑十九讲
The Art of Logical Thinking

第十讲

直接推理

基础的东西最简单,也最重要,直接推理的性质就是这样。直接推理是最简单的推理形式,同时,它所包含的信息量也是最大的。

在判断的过程中，我们必须对比两个概念，然后确定出它们的异同点。在推理的过程中，我们采用相似的方法，对比两个判断，演绎形成第三种判断。

推理最简单的形式，被称作直接推理，它指从一个命题的隐含条件演绎出另外一个命题。有的人把这种推理定义为："不需要中间术语的推理。"在这种形式的推理过程中，前提仅仅只需要一个命题，从这个前提中，我们不需要与任何其他命题作对比，就可以直接演绎出另一个命题。

这种形式的推理，主要使用两种方法：（1）反对；（2）换位。

"反对"存在于拥有相同的主语和谓语，但是彼此"特性"或者"数量"不同，又或者特性和数量都不同的两个命题中。"反对"的法则如下：

1.（1）如果普通命题为真，那么特称的命题也为真。（2）如果普通命题为假，那么特称命题也为假。

（3）如果普通命题为假，那么其他任何命题无法判断真假。（4）如果特称命题为真，那么其他任何命题无法判断真假。

2.（1）如果相反的（contraries）两个有一个命题是真的，那么另一个是假的。（2）如果相反的两个有一个是假的，那么无定论。（3）两个相反的命题不可能都是真的，但是可以都是假的。

3.（1）如果下相反的（sub-contraries）两个有一个命题是假的，那么另一个是真的。（2）如果下相反的两个有一个命题是真的，那么无定论。（3）两个下相反的命题不可能都是假的，但可以都是真的。

4.（1）如果两个相互矛盾的命题其中一个是真的，那么另外一个就是假的。（2）如果两个相互矛盾的命题其中一个是假的，那么另外一个就是真的。（3）两个相互矛盾的命题不可能都是真的或者都是假的，只可能其中一个是真的，另外一个是假的。

为了理解上述法则，学生应该自己熟悉一下下面这个被逻辑学家认可的例子：

命题分为"普通命题"和"特称命题"两种；普

通命题分为"肯定命题（A）"和"否定命题（E）"两种；特称命题分为"肯定命题（I）"和"否定命题（O）"两种。

例子如下：普通肯定命题（A）："All men are mortal"（所有的人终有一死）；普通否定命题（E）："No man is mortal"（没有人是终有一死的）；特称肯定命题（I）："Some men are mortal"（有些人是终有一死的）；特称否定命题（O）："Some men are not mortal"（有些人不是终有一死的）。

根据上面抽象命题的例子，逻辑学家们形成一个更加清晰的概念：

（A）"所有的A是E。"

（I）"有些A是E。"

（E）"没有一个A是E。"

（O）"有些A不是E。"

以上四种形式的命题，彼此之间存在着一定的逻辑学上的联系，如下所示：

A和E被称为一对相反命题。I和O被称为一对下相反命题；A和I以及E和O，都被称作"subalterns"（特称命题）。A和O以及I和E，都被称作"contradictories"（矛盾命题）。

仔细研究、探讨这些层层关系和指代这些命题的符号，我们有必要理解清楚先前已经谈论过的"对向法则"，以及我们稍后会提及的"换位法则"。下面这个图标，叫作"对向正方形"，被逻辑学家们用来描述四类命题之间的层层关系。

A—E：互为相反命题。A—I：互为特称的命题。A—O:互为矛盾的命题。I—O：互为下相反命题。O—E：互为特称的命题。I—E：互为矛盾的命题。

"换位"是直接推理中的一个过程，在这个过程中，我们可以从一个给定的命题中演绎出另外一个命题，在这个另外的命题中，原来的主语现在作为谓语，原来的谓语现在作为主语；或者用一句话来表述就是：换位就是命题的主语和谓语之间的互换。布鲁克斯对换位做出如下定义："主语和谓语以这样一种方式发生位置互换后，命题或者判断也随之转换，于是我们得到一个新的命题。"经过操作或者换位得到的新命题，称作"逆命题"；原命题叫作"被转换命题"。

换位法则是:"逆命题不周延任何一个术语,被转换命题也不周延逆命题。它源自于一个事实,原命题中有一些术语可以被肯定,但是派生命题中的任何一个术语都不能被肯定。"

换位方式有三种,即(1)简单换位;(2)通过限制进行换位;(3)通过对照进行换位。

在简单换位中,特性或者数量都不会发生改变。在限制换位中,特性由普遍的变成特称的。在否定换位中,特性发生改变,但是数量不变。我们返回查看一下本讲前面几页列出的分类表和代指符号,把这些换位方法一一应用到四种命题中的每一个命题中,如下:

普通肯定命题(A)通过限制换位转换,或者把命题的特性从普通改成特称。在被转换命题不周延谓语的前提下,我们不能在逆命题中使用"所有的(all)"来周延谓语。因此,在这种情况下,我们必须把命题"所有的人终有一死"(A)转换成"some mortals are men"(一些终有一死的是人)(I)。

普通否定命题(E)通过简单换位进行转换,在换位的过程中,命题的特性或者数量都不会发生改变。

因为"E"代指的两个术语都是被周延的,所以在不违背"换位法则"的前提下,它们在逆命题中可能都会被周延。因此,"没有一个人必须死"被转换为"No mortals are men"(永生的是每一个人)。"E"就这样被转换成"E的逆命题"。

特称肯定命题(I)同样通过简单换位转换,在转换过程中,命题的特性或者数量都不会发生改变。因为"I"命题中没有术语会被周延,所以它们在逆命题中可能都不会被周延,但是后者仍然是"I"命题。举例而言,命题:"有些人终有一死"可以被转换成"Some mortals are men"(一些终有一死的是人)。

特称否定命题(O)通过否定换位转换,在换位过程中,被改变的是命题的特性,命题的数量保持不变。因此在转换命题"有些人不是终有一死的"的时候,我们不能说"Some mortals are not men"(有些终究要死的不是人),因为这么做我们会把"人"周延在谓语里,然而在被转换命题里"人"并未被周延。为了避免这样的情况发生,我们把否定的介词或连词从系动词转移到谓语,这样被转换的命题经过简单换位的转换,变成了命题"I"。因此我们把命题"有些人不是终有一死的"转换成"Some men are not-mortals（有些人是非终有一死的）"，从中我们又可以（通过简单换位）很容易地转换成一个命题："Some not-mortals are men（一些非终有一死的是人）。"

在这点上，学生们最好能思考下面由权威学者们所确立的思考的三个基本法则：

一致法则，可以表述为："不论情况怎样变化，同样的特性或者事情依旧是同样的特性或者事情。"

矛盾法则，可以表述为："没有事情能够在同时、同地，既保持'是'又保持'不是'。"

无中立法则，可以表述为："每件事情要么保持'是'，要么'不是'，不存在另外一个选项或者中间项。"

对于上述法则，著名的杰文斯教授说："学生们很难一眼分辨出这些法则的全部含义和重要性。只要承认和接受这些不言自明的法则，就可以解释清楚所有的争论；对于那些经常把这些法则当作法宝使用的人来说，学好逻辑学已经足够了。这么说并不过分。"

第十一讲

归纳推理

归纳推理的概念很容易理解，使用步骤也简单明了，它和演绎推理互逆，并构成了逻辑学中最普遍的两种推理形式。

我们之前已经说过，归纳推理是一个从个体事实中发现普遍规律的过程，或者是一个从特称事实中推断出普遍法则的过程。因此，从单独个体和种族的经验来看，我们看到一个特称的事实，即"被观察的每个人都被证明最终都要死亡"，于是归纳出一个普遍的事实："所有人都必须死"。或者，我们从以往的经验中得知，在经过高温加热后，各种各样的金属被锻造出来，于是我们推断出，所有的金属的生产都符合这一法则，最后我们通过归纳推理得出一个结论："当物质被高温加热后，各种金属被锻造出来。"我们将会发现，我们在归纳推理中以这样的方式推断出的结论，成了演绎推理过程中的基本前提。我们已经认识到，归纳推理和演绎推理这两个过程是相互依存、相互依赖的关系。

杰文斯提到归纳推理时说："在演绎推理中，我们探讨如何把被称作'前提'的一些命题所包含的真理集合在一起，然后推断出一个被称作结论的命题。我们还不能确定地找到，在怎样的方式下，我们才能弄清楚哪些命题才真正叫作真命题，我们仅仅知道在其他命题成立的情况下，哪些命题才会成立。我们探讨的这些推理行为，被称为演绎推理，因为我们从前提命题推断到结论命题，最终得到一个真理。对于我们来说，正确地理解演绎推理至关重要，但是或许还有一个更为重要的事情，即'我们通过仔细的观察，从我们周围世界里的事实中推断得出普遍命题，然后集合普遍命题中的真理，再准确地理解归纳推理'。"哈莱克说："人必须从他的个人经验或者其他人的经验中，找到他论证或者总结出结论所需要的重要前提。通过归纳法，我们检验出对我们来说，足够多的个别情况是多少。然后我们还没有检验的情况，将会遵守同样的普遍法则。只有在普遍法则被确立之后，所有事物被归类之后，重大前提形成之后，才能合理地运用演绎推理。"

现在我们可能会感觉奇怪，事实上，直到人类历史上相对晚近的时期，哲学家们一致认为，学习所有知识的唯一方式，就是在演绎推理的过程中使用三段论。

亚里士多德的影响是巨大的,人们习惯采用演绎推理中复杂的人造方法,而不是从大自然本身直接获得的事实中得到其中暗含的真理,然后集合事实,推断出普遍的原理。从1225年到1300年,推理的现代科学方法,沿着归纳推理的主线发展起来。罗格·培根作为第一批先哲中的一员,教会我们必须通过对自然物体实践一个全方面的观察过程和实验过程,才能得到一个科学的真理。他遵循这个过程并获得了许多重大的发现。最后他被三百年以后的伽利略所超越,然而伽利略教给我们的,同样是通过仔细的观察和聪明的推理,可以得到许多伟大的普遍真理。弗朗西斯·培根爵士和伽利略几乎出生在同一时代,他在自己的作品《新工具论》中,阐述了通过归纳推理和科学的思考得到的许多出色的观察和事实。正如杰文斯所说:"归纳逻辑主要探究,通过什么样的推理方式,我们才能够从观察到的事实和事件中,集合所有的自然法则。这种推理叫作归纳推理,或者归纳探究,实际上它已经在科学上所有伟大的发现中被实践过,它包含四个步骤。"

杰文斯表述了归纳推理中的四个步骤:

第一个步骤：初步观察。

第二个步骤：制定假设。

第三个步骤：演绎推理。

第四个步骤：验证。

显而易见，归纳推理的过程主要是一个"合成"过程，因为它主要是把特称的事实或者真理，合并成普遍的真理或者法则，这些法则理解、包含了所有的事实或者真理。布鲁克斯说："特称的事实，经过大脑思维的合并，转变成普遍法则；普遍的法则，包含特定的事实，并把它们连接成一个原理和思想的综合体。因此归纳过程是一个从部分到整体的思考过程——一个综合的过程。"同样不难发现，归纳过程主要是一个"上升的过程"，因为它从特称的事实中上升到普遍的法则；从特称的真理上升到普遍的真理；从低等级的真理上升到高等级的真理，从狭窄的真理上升到宽广的真理，从微小的真理上升到伟大的真理。

布鲁克斯提到归纳推理时说："我们可以很容易看

清归纳推理和演绎推理的联系。归纳推理和演绎推理是一对逆命题，彼此互为反对关系。演绎从普遍真理中派生出一个特称真理；归纳推理从特称真理中派生出一个普遍的真理。这个对立出现在每一个特称真理中。演绎推理把'特称真理'导向普遍真理；归纳推理把'普遍真理'导向'特称真理'。演绎推理实际上是一个分析过程，归纳推理是一个综合过程。演绎推理是一个下降的过程——它把一个高等级的真理导向一个低等级的真理；归纳推理则是一个上升的过程——它把一个低等级的真理导向一个高等级的真理。这两个推理过程的不同之处在于，演绎推理可以应用到必然真理中，然而归纳推理基本上被限制在偶然真理中。"希斯罗普说："有好几种方法可以定义这个过程。我们通常把归纳推理和演绎推理做比较。现在演绎推理经常被认为是一个把普遍真理导向'特称真理'的过程，把'包含真理'导向'被包含真理'的过程，把原因导向结果的过程。我们相应地通过对比，把归纳推理定义为一个把特称的真理导向普遍的真理的过程，把'被包含的真理'导向'包含的真理'的过程，把结果导向原因的过程。有时归纳推理被说成是一个把已知真理导向未知真理的过程。这会导致一个荒谬的说法,即演绎推理是一个把未知真理导向已知真理的过程。前面几种表述归纳推理的方式要好很多。但相比它们,还有一种更好的方式。演绎推理的结论往往已经包含在前提中。前提始终是一个可以确认结论的基础,我们一旦脱离包含术语的周延性的前提,就会导致谬错。做完这个对比,然后我们也许会把归纳推理,称为一个我们脱离结论前提的过程……这个过程从给定的事实开始,推断出一些其他更为普遍的或与之相连的事实。这样,我们就看到了脱离前提的过程。当然也有些条件规定了步骤的合理性,正如一些条件决定了演绎推理。演绎的结论应该与前提属于同一种类型,但也有可能会有一些偶然的不同。但是对于事实而言,它远远脱离了前提。"

下面的例子,可能会让你更清楚地理解归纳推理的过程:

*第一个步骤:初步观察。*例如:我们注意到,在我们的观察之下,所有"特称"磁铁都吸引铁。我们大脑精神对这种现象的记录,可以被表述为:"A、B、

C、D、E、F、G等，还有X、Y、Z，所有的这些都是磁铁，它们在我们观察的所有例子中，在我们观察的所有次数中，都吸引铁。"

第二个步骤：制定假设。正如上面所表述的那样，在所有观察和实验的基础上，而且适用于归纳推理的公理，即"如果很多个体是确定成立的，那么这一类的整体也是确定成立的"，所以我们认为，在一个普遍法则或者真理的基础上，把特称命题包含的事实应用到普遍整体或者大众上也是合理的，因此，所有的磁铁都吸引铁。

第三个步骤：演绎推理。例如：捡起一个磁铁，我们对它既没有任何认知经验，也没有对它做过任何实验，我们通过"三段论"对它进行如下的推理：（1）所有磁铁都吸引铁；（2）这个东西是一块磁铁；因此（3）这个东西会吸引铁。由此我们通过演绎推理得到一个公理："凡是整个整体是成立的，那么这个整体的各个部分也是成立的。"

第四个步骤：验证。例子：我们开始验证关于这个"特称"磁铁的假设，为了确定它是否满足特称真理。假如那块磁铁不吸引铁，那么我们就会明白，我们的假设是错的，有些磁铁不吸引铁；又或者我们把那个特称的"东西"当成磁铁是一个错误，它根本就不是一块磁铁。对于两种当中任何一种情况，我们都有必要施以进一步的检验、观察和实验。假如那块特称磁铁的确吸引铁，那么我们会认为，我们已经验证了我们的假设和我们的判断。

逻辑十九讲
The Art of Logical Thinking

第十二讲

用归纳法进行推理

归纳法后来被引入到数学的概率计算中,"完全归纳法"其实就是"统计",从中你能看到逻辑对科学发展的影响。初步观察是一个搜集和筛选过程,有时也会用到实验。

在逻辑学的使用范畴中,"归纳法"这个术语被定义为:(1)"一个调查和收集事实的过程";(2)"从这些事实中,推断出一个推论的过程";(3)"有时会在某种意义上,宽泛地从已经观察到的事实中推断出结论"。弥尔说:"事实上,归纳法其实是借助于大脑思维的工作推断出,如果一个命题在一个或者多个事件中被证明是成立的,那么在类似于前者的事件中,这个命题也同样被断定是成立的。换句话说,在归纳推理的过程中,我们可以总结出,如果一个类别中的某些个体的特性是成立的,那么这个类别中所有个体的特性也都是确定成立的,或者说,如果一个命题在某个时间段内是确定成立的,那么它在同样的环境下的任何时间点也都是确定成立的。"

归纳推理的基础是如下公理:如果很多个体是确定成立的,那么这一类的整体也是确定成立的。一位极负盛名的专家埃塞尔声称,这个公理有一个相当复杂的形式,原因是:如果一个命题适用或不适用于同一种类的许多个体,那么它就适用或不适用于这一种类的整体。

归纳推理的这个基本公理主要基于一个信念,即大自然的法则和表现都是规律的、有序的和统一的。如果我们假设大自然的法则没有表现出这些特性,那么这个公理必然变得不再成立,所有的归纳推理也都会变成谬误。布鲁克斯说得很好:"我们把归纳推理比喻成一个梯子,可以用它把'事实'上升到'法则'。这个梯子必须有东西支撑,它才能够成立;这个东西就是我们对永恒的自然法则所坚持的信念。"一些权威学者们认为,这种对自然法则统一性的认知,就是自然的直觉观,或者我们智力的内在规律。另一些学者表明,在很早的时候,归纳性真理就是靠我们的日常经验和观察得来的。我们坚持并注意到自然现象中的统一性,并且近乎本能地推断出,它是持续的和普遍的。

权威学者们假定存在两种归纳法:(1)完全归纳法;(2)不完全归纳法。其他类似的术语,被不同的

权威学者们用来为这两个类别命名。

完全归纳法，要求我们必须掌握所有特称对象的知识，用来形成一个类别。也就是说，构成一个类别的所有单独的物体、人、事情或者事实，必须在完全归纳法这种形式的过程中被认识和列举出来。举例而言，假如我们认识布朗夫妇的所有孩子，他们的名字分别叫作约翰、皮特、马克、卢克、查尔斯、威廉姆、玛丽和苏珊；他们当中的每一个人都有雀斑，都是红头发；然后，在这种情况下，简单地概括并表述为："约翰、皮特、马克、卢克、查尔斯、威廉姆、玛丽和苏珊都是布朗夫妇的孩子，都拥有雀斑和红头发"，我们可以缩减词语，陈述为一个归纳型结论："布朗夫妇的所有孩子都有雀斑和红头发。"需要注意的是，在这个情况中，我们应该清楚，在归纳过程中，前提本身陈述哪些东西，我们不能扩展归纳过程而超出它所基于的实际数据。这种形式的归纳法，有时被称作"逻辑归纳法"，因为在不能发生错误和例外的前提下，推论是逻辑的必然规律。对于有些专家来说，这种推理方法在严格意义上不能叫作归纳法，而仅仅是略微高于简单的枚举法。

在现实情况的实践中很少用到这种方法,因为我们几乎不可能知道,推断出一个具体的法则或者真理所需要的所有细节。鉴于这种困难,我们返回来再谈论更为实际的归纳法,如下所述:

不完全归纳法,或者它有时候也被称作"实际归纳法",指代在推理的归纳过程,假设我们实际上知道的部分细节或者事实,正确地代表其余没被人所知道的事情,还有它们所属的整个类别。在这个过程中,我们将很容易看到结论被扩大,超出了它所依赖的数据信息。事实上在这种形式的归纳法中,我们必须应用公理原则:"如果很多个体是确定成立的,那么这一类的整体也是确定成立的。"也就是说,假设它是一个事实,不是因为我们凭借实际经验来认识它,而是因为从和我们过去经验相吻合的公理中,推断出它的存在。从最广泛的意义上来说,相比于完全归纳法,我们得到的结论或许并不总是成立的,因为这种推论基于一个原理,这个原理在知识缺乏时,可以给我们一个合理的权利去假定结论的成立。

仔细思考归纳推理过程中的实际步骤,我们应该接受并采纳杰文斯这位权威学者所提出来的分类法。相比于其他专家青睐的技术型分类法，这个方法简单明了，容易让人理解，所以更受大众欢迎。现在让我们来看下面四个步骤。

本讲讲述第一个步骤：初步观察。一开始，我们特称的事实、物体、人和事情（其中不包含个人的或者他人的经验）进行观察和记忆，我们不能指望把掌握的初步事实当成在归纳推理过程中的归纳对象或者归纳推论。在我们展开归纳过程之前，我们很有必要形成关于事实、物体、人或者事情的很多清晰的概念或者想法。本书旨在思考各种概念，从其中的各讲中，我们可以看到形成和掌握正确概念的重要性。概念是进行正确推理的基本材料。为了取得一份完美的成果，我们必须拥有足够数量的完美的推理材料。一个人掌握的知识和外部世界的事实或者物体越多，他的推理能力就越好。概念是我们运作这部推理机器的原材料，而且完美的思想最终将被制造出来。正如哈莱克所说："我们必须首先对推理材料做一个陈述。假设我们希望能形成'水果'这个概念，我们必须首先认知不同种类的水果——樱桃、梨、柑橘、李子、醋栗、苹果、无花果和橘子等。在开始展开下一个步骤之前,我们必须首先对各种各样的水果形成区别而准确的图像。如果这个概念力求完全准确,那么我们绝不能忽视任何一种水果。但实际上这是不可能实现的,毕竟有太多水果需要被研究。如果我们对事物的认知失去了准确性,或者是受到了限制,那么思考出来的结果就不值得被信赖。在不安全的地基上修建起来的建筑物,肯定是不牢固的。"

在初步观察的过程中,我们发现存在两种方式可以获取发生在我们周围的事实和事情的知识。我们对这两种方式做出如下阐述:

(1)通过简单观察或者认知,我们不需要推论就能看到某些事实。通过这样的方式,我们认识了潮汐规律、行星运动、时令变化、动物灭绝等。

(2)通过实验观察或已得认识,我们干预事情的进行,然后经过观察推断得出结果。实验是指,对事物的实验、证明和测试;一个行为、操作和过程,旨在发现未知的真理、原理或者结果,或者测试已经为人所接受的、极负盛名的真理或者原理。霍布斯说:"大量的实验过程我们称为经验。"杰文斯说:"在实验中,我们可以发现更多的东西。"换句话说,实验能够观察并发现事情发生的规律性行为。实验优于观察本身有两方面。首先我们做实验不是简单地观察自然发生的事件,我们要对实验对象有更精准的了解。人工实验大的优势是它可以使我们全面地发现新物质,同时研究他们的属性。如果我们认为实验的全过程仅仅是归纳推理,不会给我们带来自然法则外的其他"麻烦",那将是一个错误。实验只给我们在日后进行推理的时候所需要的事实……实验仅仅给出事实。这个事实是经过观察同样的事实后,经过认真地推理得来的。这里面的普遍的规则是,同样的原因造成同样的效果。只有在事实是完全相似,而不是表面看起来有点像的前提下,才会有"在一种情况下发生的事件,同样会发生在其他所有类似的情况中"。所以,当我们对周围所有的东西反复实验得出结果后,才有足够的信心在相似的环境中推理出相似的结果。为了可以通过观察和实验,学习自然法则并预知未来,我们必须执行概括的过程。概括就是从特称事件中提取出一个具体法则,然后推断出如果我们看到的一些事情是成立的,这些事情所在的整个属或者类别也都是成立的。正确地概括需要丰富的判断力和技巧,因为所有事情都需要依靠我们推理的例子的数量和特征。

在已经明白归纳推理的第一个步骤是初步观察之后,接下来让我们讨论下面的步骤。也许我们可以发现,对于那些我们通过观察和实验而获得的事实和想法,我们能够找到如何处理它们的方法。

逻辑十九讲
The Art of Logical Thinking

第十三讲

理论和假设

一旦假设被证明,它就成了真理或者理论。显而易见的真理少之又少,这也正是假设存在的重要性。不仅仅在逻辑推导中,生活中,你也可以随处听到"假设怎样怎样"的谈话。这时,你要小心,没准,他说的就是真理。

按照杰文斯提出的分类法,我们得出归纳推理的第二个步骤,叫作"制造假设"。

假设是:一个猜想、命题或者原则被假定或者理所当然地采用,目的是为了做出一个结论或者推论去证明一个观点或者问题;一个被假定的或者理所当然地采用的命题,尽管不能被证明,但是却能够成为问题关键点的演绎论证。我们从中不难发现,一个假设仅仅可能或者大概是成立的,但不能肯定是确实成立的;有效假设的本质是必须接受已经观察到的事实的检验。这个假设也许适用于事情的起因,也许适用于掌控事情发生的准则。与假设类似的,在含义上经常被人混淆的是理论。

理论是:一个已被证实的假设;一个已经被确立的假设,且是一个明显的真实。一个权威学者说:"理论是一个比假设更具备说服力的词汇。理论是建立在原则上，而原则是建立在独立论证上。假设仅仅假定了动机的效应，但是并没有证据可以证明这个动机是有效的。形而上而言，理论只是一个靠大量可行的证据支撑起来的假设。"布鲁克斯说："当假设被用来解释我们已经认识的、各种各样大量的事实时，被称为理论。于是我们获得了'万有引力理论'，'哥白尼的太阳系理论'，'光的波折理论'，等等，所有的这些理论最开始都是源自于假设。在这种方式中，术语经常在归纳哲学中得到使用。不过我们必须承认，从严格意义上来说，术语的使用频率并不是很高。有些废弃的假设经常被当作是理论，同样，有时理论也会被当作是假设。"

我们建立一个假设需要许多步骤。首先我们可以通过采用先前描述过的完全归纳法或者逻辑归纳法，确立一个假设。在这种情况中，我们一开始采用简单概括法和简单枚举法。我们在前面的一个章节中提到过，布朗家红头发的孩子，这个例子解释了这种方法。这种方法需要知道每一个物体或者事实的知识并做出检验。与此同时，陈述或者假设正是在这些物体或者事实的基础上建立起来的。汉密尔顿陈述说，这种方法是唯一的，在思考法则中必需的归纳法。它的扩展度仅仅取决于经验水平的高低。实际上它近似于数学推理。

还有一个更为重要的过程是,"假设"需要依靠不完全推理的推论方式支撑,它从已知的知识推理出未知的、超越经验的知识,并且从归纳推理的公理中确立真正的归纳推论。这个过程包括了缘由的主体。杰文斯说:"事件产生的原因是前提或者前提的组成部分,它总是遵循这个前提来执行。人们经常在理解事件发生的原因的时候,遇到很多困难,但是它真正指代的仅仅是保证事件紧随其后发生。"

原因通常很荒谬,并且很难发现。很可能出现以下五个困境:(1)因为原因在我们的经验之外,所以我们不太容易理解;(2)原因联系紧密,所以很难通过推理和它相关的原因,去发现一个主要原因;(3)经常会碰到抵消的或者修改中的原因使我们困惑;(4)经常某个结果,可能被任意一个原因所左右;(5)那些看起来像是某个结果的原因,也许仅仅是一个附属原因。

鉴于上述困境,米尔制定了一些测试方法,用来确定导致一些特殊情况的原因。这些测试方法有：（1）赞成法；（2）差异法；（3）残留法；（4）共变法。亚特华德对这些多样的测试方法做出了以下的定义：

赞成法。假如任何时候给定的物体或者手段，不受抵消因素的影响而呈现出来，就能产生结果，那么就有有力的证据证明那个物体或者手段就是产生结果的原因。

差异法。如果假定的原因成立，结果也成立；如果假定的原因不成立，那么结果也不成立。而且，没有其他手段会产生结果，我们也可以合理地推断出，假定的原因就是真实的原因。

残留法。所有已知原因的影响一旦形成之后，我们在任何其他现象中发现一个结果，由此我们可以确认，一个剩余的手段还没有被考虑到。

共变法。如果一个变化的前提伴随着一个变化的结果时，那么它们就以某种方式像原因和结果一样联系着。

亚特华德补充说："无论什么时候，一旦这些标准被发现不受相矛盾的证据束缚时，尤其是其中一些同时发生的时候，证据变得很明晰，观察到的情况是整体的最佳代表，这样就保证了它是一个有效的归纳结论。"

杰文斯告诉我们下面这些规则非常有用：

（1）无论什么时候，当我们想要改变实验对象的数量时，我们可以应用一个规则去发现哪些是原因、哪些是结果。我们必须相应地改变一件事情的数量，让它彼时变多、此时变少，如果我们观察到有其他事情同时发生变化，那么它完全有可能是相应的结果。

（2）当事情频繁规律地发生变化时，有一个简单的规则，按它走我们就能判断出，变化是否是像原因和结果紧密联系在一起一样，规则如下：它们联系在一起，以完全相同的频次发生变化。

（3）当我们不能确定事情在关键点上是否相似的时候，我们就很难解释清楚，我们曾经如何能通过概括，从一件事情中推断出一类事情。我们要在什么原则上争论？我们必须从特称事实中获得一条普遍法则。要想实现这个目的，我们必须完成归纳推理的所有步骤。

做出观察后,我们要依据环境或者事情运行的规律。然后我们开始演绎推理;在尽可能多地在多种案例中验证归纳结果之后,我们要知道,以后遇到类似演绎案例时该如何处理。对事物没有一个完整的理论,我们就很难去判断在什么时候可以,或不可以轻易从一些事情推断出另一些事情。可以给我们帮助的唯一的规则是,假如事物只在某些属性上彼此相似,那么我们必须先通过观察许多的例子之后,才能推断出这些属性在其他事物身上也是适用的。

逻辑十九讲
The Art of Logical Thinking

制定和检验假设

归纳推理的最后一个步骤,如果假设不能或者暂时不能被证伪,推理就成立。所以,归纳推理是会提心吊胆的,因为你不知哪一天会有人发现一个事实,证明假设是不成立的。这也是人类文明发展的动力。

过去的哲学家们和逻辑学家们经常困惑于如何才能合理地解释假设的起源。其实我们只要对内容稍加思考就会明白，相对于事实和想法的综合或者组合，假设的实际形成部分，更多的是包含了它自身和能够给出一个可能的理由的理论的心理。什么是心理过程？让我们来讨论一下。布鲁克斯说得好："科学上的假设源自于预测。它并不仅仅是一个事实的综合，因为事实的叠加不能给出法则或原因。我们没有看见法则；我们看见事实，然后大脑通过事实思考法则。借助于预测的力量，大脑思维经常会从一些事实推断出事实产生的原因，或者支配事实的法则。很多假设其实是大脑思维经过判断得出的一种合理的直觉。引导产生假设的因素，被法国科学家拉·普雷斯称作'一个伟大的猜想'，又或者被柏拉图出色地定义为'对真理的一个可怕的怀疑'。形成假设需要一个指导性的大脑思维、一个活跃的幻想力和一个哲学性的想象力,这样才能通过它捕捉思想之光,或者发现事实背后的法则。"

研习新心理学的学生,看到形成假设的思维过程——"思维思考法则"——一个潜意识甚至是超意识活动的例子。假设不仅能够解释过往心理学不能解释的问题,而且还同最新的思想主流保持一致,比如上面所引有关布鲁克斯的部分;此外,它和被记录下来的那些伟大假设的组成部分暗合。有一天威廉姆·哈米尔顿勋爵在都柏林天文台散步,发现了关于"四元数"非常重要的法则。他对这个主题已经研究了很长时间,但是始终思考不出结果。后来,在一个重大的日子,他忽然感觉到了"思考的导电回路"正在靠近,结果是理解了数学基本关系的难题。伯勒罗特是"合成化学"课程的奠基人,他的那些著名实验帮他完成了意义重大的发现。这些实验几乎不需要严格遵循潜意识思考或者推理过程的规则;而是"自发地展开来",也就是说"从天而降"。在许多的例子中,思维活动毫无疑问是纯主观性的、潜意识的。哈德森博士认为"主观的思维"不能被用于归纳型推理,它是一种纯粹无疑的归纳过程；但是许多杰出的科学家、发明家和哲学家的证词彼此之间都保持截然相反的状态。

在这种联系下，汤姆森的引言非常有趣："解剖学里'奥肯'的名字得以不朽是一道预感之光掠过大脑思维导致的结果。在偶然的一次散步中，奥肯捡到一片经过风雨侵蚀、风化的鹿的头盖骨，查看后他大叫道：'这是脊椎骨的一部分！'当牛顿看到苹果落地时，他脑海里闪过一个预见性问题：'为什么天体不像苹果一样坠落呢？'这两种情况中，是都没有比'偶然'更重要的东西发生的；牛顿和奥肯都是通过先前的深入学习，做好了充足的准备，然后抓住发生在他们身边看似不重要的事实，向世人证明了它们有多么重要；如果鹿的头盖骨和苹果没有出现，那么其他坠落的东西或者头盖骨也会'触到绳弦并摇响它'。但是每一种情况都有一个伟大的预测；奥肯从单一的椎骨中看到了整个骨架，同时牛顿突然构想出，整个宇宙被无数个'想要坠落的'天体填充着。歌德之于植物王国正如奥肯之于动物一样：一株植物的各个部分，被当成是变质的叶子，这对于热衷于发明的人来说，是个明显的例外。因为它其实是由某个领域的诗人发现的,并且他看起来还没有做出任何特别的努力。"但是歌德本人最盼望的是这些基本的发现归功于他的观察,而不是他的想象力,正如其他伟大的发现和暗示已经被揭示一样,虽然歌德和奥肯的原则成了历史。歌德留下他的原则,以供后人遵循,但是对于他伟大的名声,可能他的名字从来就不应该和它有所联系。奥肯为建立他的理论,积累了大量所需的材料;他能够马上开始研究并且征服新的领域。

不过,那也不是说,所有从潜意识闪现进入意识内的假设,必然是真实或者准确的。正相反,其中很多的假设都是错误的,或者仅仅部分正确。潜意识既不是绝对可靠的,也不是全知全能的——潜意识仅仅是从假设提供给它的信息中得出结果。但是即便是纯感官的假设,也会在后期形成正确的法则过程中意义重大。正如惠威尔说的那样:"在大多数人看来,尝试错误的猜想是获得正确猜想的唯一方式。"根据地球运行轨道的形状,开普勒(德国天文学家、物理学家,开普勒定律的发现者)据说在确定最终正确的法则之前,已经修改了至少二十条假设。正如布鲁克斯所说:"即便是错误的假设,在科学研究中依然十分有用,因为它们能引导出更多正确的命题。'所有天体以地球为中心做圆周运动'这个命题,最后引出'本轮'这个概念,最后真实的理论就是对这个概念的描述。所以,在被真实的'氧化'理论代替之前,化学方面更早的'燃素'理论,使得许多事实更容易理解。所以,正如汤姆斯所说,'大自然讨厌真空'这个理论旨在把之前不被考虑在内的相关的所有同源事实集合在一起。只要依旧能够适用于一些事实,即便错误的构想在科学上也会有一席之地;当它自身不能解释一些事实时,我们会用新的一个修改它或者替换它。有人声称,科学之路需要这些被遗弃的假设,才能长久地发展下去。"

哈莱克在谈论仓促完成推论的危险性时说:"人们为了能持续进步,必须使用不完全归纳法;但是通常的危险都是发生在从过于狭窄的经验推断归纳性推论的过程中。一个小孩子通常会有养一两只狗的经历,因为他养的狗性格都很温和,所以他争辩说所有的狗性格都是温和的。也许在他被严重地咬伤之前,都没有发现与之相反的情况。他的归纳其实过于仓促,因为他并没有测试足够多的狗，就确立了这样一个结论。一个农民在一片区域内有过一两次庄稼大丰收后，也许会说这片土地上的庄稼都会很赚钱，虽然他很可能好几年都不会再有大丰收了。一个人会相信很多人，因为他发现他们很诚实。于是他总结出，所有的人都很诚实，然后在相信某个说谎的人后，他推翻了之前的结论。一个人的年龄越是往上增长，他在归纳结论的时候就会越小心。许多例子被记录并且对比；但是即使是最聪明的人也会有犯错的时候。曾经有一个广为接受的事实，即所有的天鹅都是白色的。从来没有人见过黑色的天鹅，所以我们得出'所有的天鹅都是白的'这个推论，并且认为它是相当确定的。最后人们在澳大利亚还是发现了黑天鹅。"

布鲁克斯在提到假设的可能性时说："假设的可能性和它能解释的事实或者现象的数量相符。假设能够解释的事实或者现象的数量越多，我们对它的正确性的信念就越高。如果需要考虑的事实存在超过一个以上的假设，那么包含最多数量的事实的那个假设是最有可能正确的。为了验证一个假设，我们必须证明它能解释所有的事实或者现象。如果事实数量繁多、形式各样，并且主题已经完全被研究透彻，不重要的事实被忽视，那么假设就是成立的，它也因此得到验证。因此'地球沿着地轴自转需要一天一夜的时间'被证明是完全正确的。这是惠威尔教授和很多思想家在验证一个假设的时候提出的观点。然而，弥尔和他所在学派的一些作家们提出一个观点：为了验证一个假设，我们不仅要证明这个假设能解释所有的事实和现象，而且还要证明不存在其他的假设能够解释所有的事实和现象。"

杰文斯说："在第四个步骤（验证）中，我们把这些演绎推论和已经收集好的事实进行对比，或者当有实际需要的时候，我们要做出新的观察和实验，这样我们就可以确认，假设到底是不是和自然保持一致。如果我们在演绎推论和观察结果之间碰到一些明显的不同之处，那么说明假设很可能是错误的，我们就需要重新确立一个新的假设。为了让演绎推论和观察结果达成一致，有时我们也需要小范围地修改假设。当我们获得一个和部分事实一致的假设时，我们不能马上确定它是一定准确的。无论是否可能，我们必须在各种各样的环境中继续从假设验证推理,也就是要通过感觉把这些结果和观察到的事实进行对比。当一个假设在大量结果中显示它是正确的时候,特别是当它能够预测我们不应该相信什么或者不应该研究什么的时候,我们就可以十分确定这个假设是一个真实的假设了。有时可能会出现这样的情况,两个甚至三个完全不同的假设全都看起来符合某些事实,这样我们就会变得茫然不知所措:到底该选定哪一个。因此当我们碰到两个假设,其中一个和另一个都很合适的时候,我们必须找到符合其中一个假设但是不符合另一个假设的某个事实或者事情,因为这样做会直接影响我们得出结论,前一个假设是真实的,而后一个是错误的。"

综合上面的有关验证假设的所有内容,我们会明白推论是用来检验最终假设对"事实"产生的影响的。这些真相也许是已经观察过的现象,也许是很容易被认知的事实,又或者是通过演绎推理得到的其他事实。最终假设可以被说成是事实,如果这个假设是真实的,那么它对应的事实也是真实的。因此我们如果要修改假设"所有人都终有一死",我们可以演绎推理得出,这个假设遵循一个普遍的规律,那就是"一个人迟早都会死亡"。然后我们在每一个人身上检验我们的假设,其中检验的过程中我们也会受到观察和实验的限制。假如我们发现有一个人没有死,那么测试就推翻了我们的假设;在与之相反,假如所有人(情况中的"事实")被证明是终有一死的,那么我们的假设被证明是成立的或者已经建立。在这个过程中应用的演绎推理可以被描述为:"关于一类的事情如此这般是正确的,如果一件事情属于这一类,那么对于这件事,它也会遵守如此这般的规则。"这种论证叫作假设命题(参见第九讲),这个命题的思考过程形成了演绎推理的主要部分。因此正如杰文斯曾经说过,"演绎推理是归纳推理的第三个步骤,并且优先于验证这个步骤",我们对此已经考虑过。哈莱克说:"在归纳法对一些现象做出分类并且提供给我们一个重大的前提之后,我们可以演绎地把这个推论应用到新的样本中,证明它属于哪一类。归纳法把现成的重大前提传递给演绎法。……演绎法把它当成一个事实,不会对它的真实性产生质疑。……只有在普遍法则确立后、物体被归类后、主要前提形成后,演绎法才可以被应用。"

就以上事实来看,我们现在可以开始探讨另一大类的推理方式——演绎推理。

逻辑十九讲
The Art of Logical Thinking

第十五讲

演绎推理

细致地讨论过归纳推理之后,演绎推理也就很清晰明了了。演绎推理是归纳推理的逆过程。这也是为什么小孩子要先学乘法,背"九九乘法表"的原因。

我们已经知道推理有两大类别，分别是：（1）归纳推理，或者是从特称真理中发现一个普遍真理；（2）演绎推理，或者是从普遍真理中发现特称真理。我们之前已经说过，演绎推理是一个从普遍真理中发现特称真理的过程。因此从命题"所有的马都是动物"中的普遍真理看来，它与第二个命题"多宾是一匹马"存在联系。由此我们可以推断出一个特称真理，即多宾是一匹马。或者在下面的情况中，我们可以从一个普遍真理中推断出一个特称真理，例如，所有的蘑菇都是可以吃的；这种真菌是一种蘑菇；因此，这种真菌是可以吃的。这个演绎论证过程采用的表达方法是一种演绎三段论。

杰文斯在提到上述这个例证时说："下面有三个句子表述三个不同的事实；但是当我们知道前两个事实之后，我们可以从这两个事实中学到或者推断出第三个事实。因此，当我们从其他两个事实中学到另一个事实的时候，我们可以进行推断或者推理，当然我们是通过大脑思维采取这种做法。因此演绎推理可以帮助我们通过实际试验探究事物的本质。在确定一个东西是否能吃之前，如果我们都选择去尝一下，那么中毒事件会发生得相当频繁。但是蘑菇的外观和特性，我们可以通过眼睛和鼻子安全地辨别出来，然后把收集到的信息加以推理，事实就会很清晰地显示出来，即这种蘑菇是可以吃的，这样我们就不会陷入任何危险或者麻烦。推理过程的实际目的，其实是从一些知识中获得另一些知识。"

学生们肯定会认为，演绎推理主要是一个分析过程，因为它的重点在于通过引导和分析，把普遍真理转变成多个特称真理，即转变成一个普遍真理所暗含的特称真理，然后推断出"如果普遍真理是成立的，那么特称真理也是成立的"。因此在普遍真理"所有的人最终将一死"中，我们发现其中包含一个特称真理"约翰·斯密斯最终会死亡"——因为我们确定约翰·斯密斯是一个人。我们从关于约翰·斯密斯的特称真理中，推断出关于"所有人"的普遍真理。我们分析"所有人",并且从中发现约翰·斯密斯是它包含的特称部分之一。因此,演绎推理是从一个整体的真实性推断出它包含的各个部分的真实性;或者说,演绎推理是一个分析过程。

学生也许会认为,演绎推理主要是一个"下降"过程,因为它主要是一个向下的从普遍真理中推断出特称真理的过程;从类别高的真理推断出类别低的真理;从范围广的真理推断出范围窄的真理。正如布鲁克斯所说:"演绎推理从类别高的真理推断出类别低的真理,从法则中推断出事实,从原因中推断出现象,等等。对于法则,我们通过演绎推理,从法则下降到法则所包含的事实,即便我们从来没有讲过这些事实也没有关系;所以我们也可以从其中的原因推断出,我们已经看到过的现象和甚至还不知道的现象。"

可以通过一些方式发现普遍真理是演绎推理的基础。大多数起因于归纳推理,以经验、观察和实验为基础。比方说在上述所举的例子中,如果我们以前没有广泛地学习过马和动物之间的种种关系,那么就不会深信不疑地提出我们认为是正确的命题,即所有的马都是动物。没有这种学习"马和动物之间关系"的过程，我们也不可能做出陈述："多宾是一匹马。"如果没有以前的学习、经验和观察，我们就不可能深信不疑地做出论断："所有的蘑菇都是可以吃的"；或者"这种真菌是一种蘑菇"；又或者"因此，这种真菌是可以吃的"。即便如此，我们必须确定这些真菌的确是一种蘑菇，否则我们就会面临让自己中毒的危险。无论如何，这种类型的普遍真理不是直觉性的，而是以我们自己的或者他人的经验为基础形成的。

有一类普遍真理，被一些权威学者们称为"直觉真理"。哈莱克对此表示："一些心理学家表示，我们获取知识，既不采用归纳推理，也不采用演绎推理；其实我们在认知某些物体的时候，不需要任何推理过程，就可以清楚地认识某些真理。属于'直觉类知识的真理'被分类为以下几种情况：我们认知一个物体，并且立刻知道它是一个时间关系。据说我们通常会对时间有一个直观概念。比方说，当我们被告知一个整体远大于一个部分的时候；当我们被告知，有些事物和同一件事物对等，那么它们彼此之间也相互对等的时候；当被告知一条直线不能包围空间的时候,我们马上或者直觉地能够认识到这些陈述中所包含的真理。努力地寻找证据,并不会让我们更加确信这些陈述中所包含的真理。我们可以说它是不言自明的,或者它可以依靠直觉认识这个事实。数学公理和逻辑公理,都被认为是直观型的公理。"

总而言之,另外一类的权威学者们,否认"真理"中存在直觉型知识或者真觉型真理。他们声称,我们所有的想法都是源自于我们的知觉和反射;与此同时,我们通常提到的"直觉"其实是记忆或者遗传对知觉和反射的重组而已。他们认为动物和人类的直觉,其实是指代一个种族或者个体的经验,这些经验源自于储存在大脑潜意识中的印象。哈莱克提到这点时陈述说:"这类学派的学者把直觉比作本能。他们承认年幼的鸭子本能地熟悉水性,遇见水可以直接跳进去,不用深入学习就能够游泳。这些心理学家认为,这种情况其实有时跟鸭子的祖先并没有关系。它们必须借助于经验,慢慢地获得知识。它们学习完整的水上课程用来生存,并把这些知识通过改良的模式,传输给后代。如果它们不能学到课程所教的内容，那么它们将在严峻的生存斗争中死亡。……这个学派的学者们声称，因果的直观性，可以用同样的方式展现出来。一代一代的人类都已经清楚地认识到，各种原因连接在一起形成结果；因此，通过分离已经连接在一起的各种原因，我们可以重新来认识它们发生的必然顺序。倾向于考虑这些联系下的所有现象，伴随着一种稳定增长的力量，引导着它们把遗传法则传输给它们的后代，直到我们认清它们之间的联系其实已经变成了一种直觉。"

另外一类普遍真理仅仅是"假设的"。"假设的"指代"建立或者包含一个假说或者猜想；被假设出来的或者被认为是理所当然的，尽管没有被证明，但是它的目的是通过在某一个关键点上推论来解决疑问。"物理学科中的假设和理论，通常被当作是普遍真理来进行演绎推理。假设的普遍真理具有前提的性质，其目的是为了展开演绎推理的过程。如果没有这些假设的普遍真理，演绎推理也不可能实现。总而言之，它们作为一种规则并不仅仅是一种假设，在经验、实验和演绎推理的共同作用下，它们更能完整地展现假设的本质。"万有引力定律"可以被认为是假设出来的,同时它也是由演绎推理在巨大数量的事实和现象基础上,推断出来的结果。

演绎推理的初级基础是逻辑学公理,这些公理由我们的祖先传给我们,可以这样表述:"只要一个整体是确实成立的,那么这个整体所包含的所有部分也是确实成立的。"或者,正如后来的学者表述:"只要普遍的事情都是确定成立的,那么特称的事情也都是确定成立的。"这个公理是我们确立演绎推理的基础,它给我们提供了演绎推论或者演绎论证的有效性。假如我们要挑战陈述"这种真菌是可以吃的"的证据,我们能够回答说,我们证明这个陈述成立,是通过不言自明的命题或者公理,即"只要普遍的事情都是真实的,那么特称的事情也都是真实的"。如果"普遍的"的蘑菇是可以吃的,那么特称的蘑菇也一定是可以吃的;其中"这种真菌"是一种特称的蘑菇。所有的马(普遍的马)是动物,这个命题根据公理来推断,可以得出下面一个命题:"多宾(特称的马)一定也是一种动物。"

相比上述的这些例子,我们还可以在这个公理中替换掉其他许多术语。例如，只要一个整体是被肯定的或者被否定的，那么这个整体包含的所有部分都会是被肯定的或者否定的。很明显，这种形式是起源于汉密尔顿运用的方法，他说："只要一件事情属于或者不属于包含它的整体，那么它也属于或者不属于这个整体所包含的每一个部分。"亚里士多德曾经如下表述过他著名的格言："只要任何类别或者术语周延的事情能够被断言是肯定的或者否定的，那么它所包含的所有和单个的类别或者个体，也能够以同样的方式被断言是肯定的或者否定的。"

和公理"只要一个整体是确实成立的，那么这个整体所包含的所有部分都是确实成立的"相比较而言，演绎推理还存在另外一种形式，这种形式是基于另外一个公理。这种形式的演绎推理，被称作数学推理，因为数学领域会应用到这种形式的推理。它基于的公理可以被如下表述："和同一件事情相对等的所有事情中的每一件事情都是互相对等的。"我们不难发现，这个公理在数学上被应用过。因此："X等于Y；Y等于5；所以，X等于5。"又或者用逻辑学术语表述为："A等于

B；B等于C；所以，A等于C。"因此我们明白，这种形式的演绎推理，和普通形式的演绎推理，都是严格地采用一种间接的方式表达，换句话说就是，以第三件事情为媒介来确定对等关系，或者是"两件事情通过和第三件事情之间的联系，形成对比以确定彼此间的关系"。

布鲁克斯陈述说："确定数学推理的真正原因也许可以被表述为：第一，它的想法是确定的、必要的和准确的数量构想。第二，正如对这些想法的描述，它的定义是必要的、准确的、无争论余地的真理。第三，我们通过对比获得形成结论所需要的公理，全都是不言自明的和必要的真理。我们借用'必要的推论法则'对比这些准确的想法，获得的结果必定是正确的。或者，用另外一种方式表述，把这些定义和公理当成一个三段论的前提，我们必然能得到一个结论。让错误深入地影响或者破坏我们派生出来的真理是没有余地或者机会的。"

总之，我们希望读者能注意到杰文斯写过的一篇文章，这篇文章很值得我们思考和斟酌。在文章中杰文

第十五讲 演绎推理

斯说:"有一个简单的规则,可以帮我们检验许多论证的真实性,其中很多论证并不受限于逻辑学书籍里普遍提出的任何规则。这个规则是,'只要一个术语是真实成立的,那么和这个术语表述的含义保持一致的任何术语也都是真实成立的'。换个方式来说就是,如果两个术语准确地指代一件事情,那么我们完全可以用一个术语代替另一个术语。毫无疑问,一匹马是一种动物,因此马的头也是一种动物的头。我们不能把这个论证纳入三段论的规则,因为它在两个命题中包含四个不同的逻辑学术语;也就是说,马、动物;马的头、动物的头。但是它能很容易归入到我之前提到过的规则中,因为我们可以简单地把'一些动物'替换为'一匹马'。许多论证都可以用这种方式做出解释。黄金是一种金属;因此,一块黄金也是一块金属。黑人是我们的同类;因此,如果一个人打一个黑人,那么他就是在打我们的同类。"

一位相当出色的权威学者说:"如果足够认真地检验我们采用的推理方式,我们会发现在每一种情况下,都是用一件事情或者一个术语来替代另外一件事情或者一个术语，当然我们知道前提条件是它们彼此在某些方面存在着准确的相似性。我们把这种相似性当成一座桥梁，从一件事情的知识中，过渡到另一件事情的知识中；因此，推理的真正原理可以称作相似术语之间的替换，或者说是从一个物体过渡到另一个物体。我们从某件事情的特点，推断出另一件事情的特点，其中的某件事情被当作是一个媒介，或者是第三术语。如果我们非常确定两件事情存在一个准确的相似性，那么我们得出的推论就是十分确定的；当我们只是相信那里可能有，或者猜测那里有一个准确的相似之处的时候，我们的推论有可能是真实成立的，但并不确定。"

第十六讲

三段论

最经典的逻辑推导,每个人每天的生活中都能遇到,甚至是小孩子,比如小学数学里:如果A大于B,B大于 C,那么A就大于C。"三段论"只是名字新奇而已。本讲里的复杂点只是讨论了三段论成立的规则。

三段论在推理过程中属于第三个步骤,也是最高阶段或者步骤——这个步骤紧跟在被称为构想和判断这两个步骤之后——我们通常称之为"推理"。总之,这个术语既包含前面两个术语,也包含最后一个步骤本身。在这个步骤或者过程中,我们通过依次思考、对比前两个人、物体或者事情和第三个人、物体或者事情之间的关系,得出前两个人、物体或者事情彼此间的关系,最后确定结论。正如我们推理出:(1)所有的哺乳动物都是动物;(2)一匹马是哺乳动物;(3)因此,一匹马是动物。其中完成最后一个步骤推理的最基本的原则就是,对比前两个物体之间的联系,或者换句话说,对比它们和第三个物体之间的关系。这种推理过程的表达形式叫作"三段论"。

如果一个人想要对三段论形成一个清晰的概念,那么这种以三段论的形式引起表达论证的推理过程一定要被理解。尽管初学者有时会被学者们提出的复杂的定义和陈述所困扰,但是这个过程在被直白地表达出来的时候,依然能被人们轻易地理解。让我们假设有三个不同的物体,分别是A、B和C。我们希望能对比C和B,开始时因无法建立联系而失败。但无论如何我们能够建立一个关于A和B之间的联系;同时我们也能够建立一个关于C和A之间的联系。因此我们得到两个命题:(1)A和B对等;(2)C和A对等。下面的步骤一定可以推断出,"如果A推断出B,C等于A,那么按照逻辑学的常理,C一定等于B。这个过程其实并不属于直接对比,而是属于非直接的或者间接的对比。我们并不是把C和B进行直接的对比,而是间接地以A为媒介进行对比。因此,A被认为是B和C的仲裁。"

这个推理过程,在表达各种命题的时候,包含了三个概念或者关于物体的想法。它也包含了推理的基本形式或者元素。布鲁克斯说:"推理过程最简单的运行方式是,参考两个物体同第三个物体之间的联系,对比前两个物体,从而确定两者之间的关系。"完成这个过程得到的结果是一个论点的表达,术语称作三段论。沃特利说:"一个三段论实际上就是一个精确的逻辑推理形式,它的结论不需要深究术语的含义,就可以通过它独特的表述方式展现出来。"布鲁克斯说:"所有的推理过程都能够自然地以三段论的形式所表达出来。三段论同时适用于归纳推理和演绎推理;借助于三段论这种形式,两种推理方式的每个过程都可以清晰地展现出来。三段论作为一种思考方式,它的重要性需要受到特别的注意。"

为了使三段论的本质和使用方法能够被清楚地理解,我们把著名的"三段论规则"呈现给你。你在弄懂这些规则后就能完整地理解三段论本身的含义了。

三段论的规则表述为,为了让一个三段论变成一个完美的三段论,必须满足以下条件:

1.必须包含三个,但是不能超过三个以上的命题。这三个命题分别是:(1)最后获得的结论,或者有待被证明的命题;还有(2)和(3)前提,或者证明结论的方法,被称为大前提和小前提两种。我们如果审视下面的例子,或许会更容易清楚地理解"前提"这个术语:

第十六讲 三段论

大前提:"人都是终有一死的。"("A是B。")

小前提:"苏格拉底是一个人。"("C是A。")因此我们得到:

结论:"苏格拉底是终有一死的。"("C是B。")

我们从上面的描述中不难发现,三段论不论是用文字表达还是用符号来阐述,在逻辑上都是行之有效的,并且得出的结论在逻辑上一定符合前提的标准。另外,在这种情况下,只要前提是真实的,那么由它得出的结论也必定是真实的。沃特利说:"如果一个三段论中的结论在逻辑上遵循前提,那么这个三段论就是有效的;如果一个三段论中的结论在逻辑上不遵循前提,那么这个三段论就是无效的;如果推理的人被错误本身所欺骗,那么三段论包含的结论就会演变成一个谬论;但是如果这个错误被当作是一个欺骗他人的想法,那么结论就演变成了一个诡辩。"

规则1旨在说明,只需要三个命题——一个大前提、一个小前提和一个结论就可以形成一个三段论。如果我们使用三个以上的命题,那么我们接着要在里面增加两个额外的前提,得出一个结论。一旦出现两个以上的前提,则会导致形成两个或者两个以上的三段论,又或者以未能形成三段论而告终。

2.必须有三个,但是又不能超过三个术语。这些术语分别是:(1)结论的谓语;(2)结论的主语;(3)位于前提之间的中间项,它是连接两个其他术语的纽带,并把它们融合进一个结论。

结论的谓语被称作主要术语,因为它和其他同类术语相比较而言,在扩展度上强度最大。结论的主语称作次要术语,因为它和其他同类术语相比较而言,在扩展度上强度最小。主要和次要术语统称为极端术语。中间项就是在这两个极端术语之间产生作用。

主要术语和中间项必须出现在大前提之中。

次要术语和中间项必须出现在小前提之中。

主要和次要术语必须出现在结论之中。

最后我们明白,主要术语一定是结论的谓语;次要术语一定是结论的主语;中间项是两个前提中某一个的主语或者谓语,它一定会出现在两个前提中。

接下来的例子,可以把这种情况描述得更为详尽:

在三段论中:"人是终有一死的;苏格拉底是一个人;所以苏格拉底是终有一死的。"我们得到了下面这个布置:主要术语——"终有一死的";次要术语——"苏格拉底";中间项——"人";如下所示:

大前提:"人"(中间项)是终有一死的(主要术语)。

小前提:"苏格拉底"(次要术语)是一个人(主要术语)。

结论:"苏格拉底"(次要术语)是终有一死的(主要术语)。

这条规则包含的术语"只有三个",其原因是,在推理过程中,两个术语之间的对比需要第三个术语作为媒介;而且只能有三个术语。如果超过三个术语,那么我们将得到的不再是一个结论,而是两个结论。

3.至少要有一个前提是肯定的。之所以这样,是因为"我们从两个否定命题中,推断不出任何事情"。这和一个否定命题断言两件事情有所不同,如果我们得到两个断言分歧的命题,那么我们从中推断不出任何事情。假如我们使用三段论做出表述:"人不是终有一死的","苏格拉底不是一个人";对于苏格拉底到底是或者不是"终有一死的",我们不能得出一个确定的结论。这两个前提中不会存在任何逻辑性联系,所以我们也无法推断出任何结论来。由此可见,至少有一个前提必须是肯定的。

4.假如一个前提是否定的,那么结论也一定是否定的。这是因为"假如一个术语同意第三个术语,而另一个术语不同意第三个术语,那么前面两个术语之间彼此一定不相符"。这样的话,我们使用三段论表述就是:(1)"人不是终有一死的";(2)"苏格拉底是一个人";我们必须声明一个否定的结论——(3)"苏格拉底不是终有一死的。"

5.中间项必须具有周延性。换言之,就是要包含在至少一个前提中。之所以这样,"因为,主要术语可能会和中间项的一部分做对比,同时次要术语又会和另一部分做对比；共同的中间项不会存在，因此也不会有关于推论的共同基础"。若是违背这种规则，将会导致出现一个被称作是"违背周延性的中间项"的结论，这是一个被公认的谬论。在本讲列举过一个三段论并把它当成例子，命题"人都是终有一死的"，它真正指代的是"所有人"，也就是指"在普遍意义上的人"。从字面意思来理解，命题表示"所有的人都是终有一死的"。从中我们可以发现，苏格拉底作为"一个人"（或者所有人当中的一些人），必须带有普通人的特性。假如一个三段论换成："一些人是终有一死的"，那么它将推导不出苏格拉底一定是终有一死的——他或许会，也或许不会。另外一种形式的谬论，在下面这个陈述中展示出来，那就是：（1）白色是一种颜色；（2）黑色是一种颜色；因此（3）黑色一定是白色。前面两个前提的真正的意思是，"白色是某种颜色；黑色是某种颜色；但是不会出现这种情况，即黑色或者白色就是所有的'颜色'。"另外一个例子是："人类是两足动物；鸟类是两足动物；因此，人类是鸟类。"在这个例子中，"两足动物"并没有被周延成"所有的两足动物"，而仅仅是不均衡地被当成"一些两足动物"。因此，凡是没有遵循规则的三段论，最终都必然以失败而告终。它们并不是真正的三段论，最后就构成了谬论。

为了能被"周延"，中间项必须是一个普通命题的主语，或者是否定命题的一个谓语；为了不被"周延"，中间项必须是一个特称命题的主语，或者是一个肯定命题的谓语。（参见本书第九讲）

6.如果一个极端术语在前提中没有周延性，那么它在结论中也许同样不会具有周延性。之所以会有这样的结果，是因为相比我们在前提中发现的内容，它会在结论中断言出更多非逻辑性的和不合理的内容。这样争辩可能显得最没有逻辑性："（1）所有的马都是动物；（2）没有人是一匹马；因此（3）没有人是一种动物。"得到的这个结果显然是不成立的，因为当"动物"这个术语在前提中是不被周延（作为肯定命题的谓语）的时候，这个术语在结论中是被周延的（作为一个否定命题的谓语）。

正如我们所提到的那样，任何一个三段论只要违背了上面提到过的六个原则中的任何一个，都不成立，并且会导致出现谬论。

还有两个额外的规则,可以被称作衍生规则。任何一个三段论只要违背了这两个衍生规则中的其中一个,那么它同样也会违背我们一开始细致地研究过的六个规则中的一个或者一个以上的规则。

三段论的两个衍生规则如下:

7.至少有一个前提必须是普遍的。之所以这样,是因为"从两个特称的前提中,我们推断不出任何结论"。

8.如果一个前提是特称的,那么结论也必定是特称的。之所以这样,是因为一个普遍的结论只能从两个普遍前提中推断出来。

以上的两个衍生规则所包含的原则,可以通过违背它们的三段论来进行检验。这两个规则包含了其他六个规则的本质,每一个违背它们的三段论,也必将违背上述的其他六个规则中的一个或者多个。

逻辑十九讲
The Art of Logical Thinking

第十七讲

三段论的种类

三段论就像是变色龙,为了避免人们在实际生活和学习中对它的陌生感,本讲将讨论三段论的种类变化。

逻辑学专家们把四种命题尽可能地划分为四种形式的排列，并且尽可能形成十九种不同的有效论证，称之为十九种三段论式。它们被分类，并且会被划分为四种类型，其中每一种都可以通过命题前提里的中间项被认识。逻辑学家们已经排列出了精巧的、奇妙的图表，旨在证明存在哪些种类的命题。只有加入这个特定顺序的排列，才会产生有力的、有效的三段论。我们最好不要在这里列举出这些图表，因为对于我们来说，用它们对一个普通主题做出陈述显得过于技术性了。这些表格对于学生来说是不必要的，上面已经陈述出来的三段论法则已经能让他们完全熟悉三段论本身了，因此他们也将会在各种意义上判断，是否任意一个论证是一个正确的三段论，或者不是。

在许多一般思考和表述的例子中，完整的三段论推理范式被省略，或者不会被详尽地陈述出来。忽略一个三段论的前提是一种普遍做法,遗失的前提能被讲话者和听话者推断出来。前提没有被表达出来的三段论,有时被称作省略三段论,这个术语的含义是"存在于大脑思维里"。举例而言,"我们是自由的人类,所以我们是幸福的";其中大前提"所有自由的人都是幸福的"被省略或者没有被表达出来。同样在命题"诗人是有想象力的,因此拜伦是有想象力的";其中的小前提"拜伦是一个诗人"被省略或者没有被表达出来。杰文斯在提到这种句子时说:"因此,在《登山宝训》这本书中,开卷诗是祝福诗,每一首都包含一个前提和一个结论,并且结论是置于前端的。'受到祝福的都是那些仁慈的人:因为他们拥有仁慈的心。'这个结论中的主语和谓语的位置,在这里发生了颠倒,所以真正的命题其实是'仁慈的人会受到祝福'。我们很容易理解:'所有获得仁慈之心的人都会受到祝福,'所以三段论如果进行详尽的描述,就会变成:'所有获得仁慈之心的人都会受到祝福;所有仁慈的人都会获得仁慈之心;因此,所有仁慈的人都会受到祝福。'这是一个极尽完美的三段论。"

无论任何时候，我们发现这些词语："因为、为了、因此、由于"或者其他类似的术语，我们也许就会知道一定会有一个论证，当然通常指的是一个三段论。

我们已经明白，有三个特别种类的三段论，它们分别叫作："（1）categorical propositions（直言命题），在这类命题中，肯定和否定其实不需要限制性条件；（2）hypothetical propositions（假言命题），在这类命题中，肯定或者否定受限于某些条件、环境或者假定；（3）disjunctive propositions（选言命题），在这类命题中，暗示或者断言替代项。"

这些形式的推理以这三种类别的命题为基础，同时与之保持相同的名称。另外，这些不同的三段论相应地表达这些不同形式的推理的同时，同样传达类别名称或者术语。因此，一个直言三段论，仅仅包含一个直言命题；一个假言三段论，仅仅包含一个或者一个以上的假设命题；一个选言三段论，在一个大前提中仅仅包含一个选言命题。

直言三段论的普遍性要远远高于其他两种三段论，这在前文中已经进行过讨论，并且在本书中提到过的大多数三段论例子中,都属于这种类型。在一个直言三段论中,相关的陈述不需要任何限制性条件,就可以被肯定地确立,所以这个推理过程也具备同样肯定的特征。在这种形式的命题或者三段论中,我们提出或者假设其中的前提是真实的、准确的;如果这个推理过程在逻辑学上是正确的,那么它就保证结论是正确的,同时还保证最后得到的一个新命题在本质上也同样属于直言命题。

假言三段论,相反的是,具有一个或者一个以上的假言命题前提,并且假言命题确定或提出某些事实,又或者是"假设"出来的其他事情,都是真实成立的。希斯罗普提到这些命题时说:"我们首先希望带来,假如条件允许的话,一个命题所依靠的真理,以便让我们明白结论和重大前提之间的联系是否会被承认。然后整个问题会慢慢转移到解决小前提的身上。这个过程的优势在于,根本不需要确立证据的形式流程,就可以让大前提被承认,另外小前提比大前提更容易被证明。最后的结果是,一个人可以通过消除对大前提内容真实性的疑问,把注意力集中在结论及其所处的环境中,清楚地弄明白小前提或者推理的实质。最后我们清晰地知道，假如我们不想接受一个命题，我们首先应该确定需要否定的是什么。"

把一个假设命题和一个普通命题连接在一起，我们就创造出一个假言命题。例如，假如约克郡拥有一个大教堂，那么它就是一座城市；约克郡确实拥有一个大教堂；因此，约克郡是一座城市。或者说，假如狗有四条腿，那么它是四足动物；狗确实有四条腿；因此，狗是四足动物。假言三段论可以是肯定的，也可以是否定的；换句话说，一个假言三段论，可以是被假设性地肯定，或者是被假设性地否定。假言三段论前提中的条件和问题（其中也包含了带有否定意味的词汇"假如"），被称作前提（antecedent）。因此大前提通常是被用作条件的。大前提的其他部分，被称为结论，这个部分在受制约的条件下，陈述了哪些将会发生、哪些是真实的。因此，在上述的一个例子中："假如狗有四条腿"是前提；在命题的剩余部分中，"它们是四足动物"是结论。前提是由某些条件术语指出来的，这些术语有如果、假定、即使、假如、尽管、已经、假设等，从一般意义上来说,这类术语的含义和"如果"保持一致。结论不会包含任何特殊的指明性术语。

杰文斯对假言三段论给出了以下清晰的、直白的原则:

(1)如果前提是肯定的,那么结论也是肯定的。如果结论是否定的,那么前提可能是否定的。

(2)避免使用谬论肯定结论,或者否定前提。这是个谬论,因为大前提中包含的条件性的事实也许不是决定结论的唯一。下面是一个"肯定结论"的例子,如果现在正在下雨,那么天空一定是乌云密布的;天空是乌云密布的;因此,现在正在下雨。在现实情况中,当天空是乌云密布的时候,可能没有下雨。如果我们用符号来说明这层关系,那么这个谬论会更加透明化,所举例子如下:如果A是B,那么C就是D;C是D;因此,A就是B。可以用下面这个例子来说明谬论如何否定前提:如果镭元素很便宜,那么它会很有用;镭元素不便宜;因此,镭元素没有用。或者,用符号来说明:如果A是B,那么C就是D;A不是B;因此,C不是D。在现实情况中,镭元素虽然很贵,但是仍然很有用处。杰文斯列举了下面这些谬论类的例子：如果一个人是一个好老师，那么他一定完全精通他所教的科目；约翰·琼斯完全精通他所教的科目；因此，约翰·琼斯是一个好老师。还有，如果雪和盐混合在一起，那么雪会融化；地上的雪没有和盐混合在一起；因此，地上的雪不会融化。

杰文斯说："首先必须肯定结论，然后推断出，我们可以肯定前提，这么做会违背三段论规则的第三条，最后导致中间项未被周延。……否定前提实际上违背了三段论规则的第四条，把一个术语在结论中周延，而没有在前提中周延。"

假言三段论通常也很容易被归纳推断，或者转换成直言三段论。正如杰文斯所说："事实上，假言命题和假言三段论，两者之间存在很多差异，同时这些差异还有待进行更为深入的、完整的探讨。这是一个关于陈述命题的方便性的事情。"举例而言，不能说"如果镭元素是便宜的，那么它肯定很有用处"，我们应该说"便宜的镭元素肯定很有用处"；或者，不能说"如果玻璃很薄，那么它肯定很容易破碎"，我们应该说"薄玻璃肯定很容易破碎"。希斯罗普在下面情况中，列举了转换法则："把假言命题的前提当成是直言命题的主语，再把假言命题的结论当成是直言命题的谓语。在有些情况中，这种转换很容易实现。在其他情况下，只能依靠委婉的说法才能实现这种转换。"

第三种类比的三段论，被称作选言三段论，它是三段论规则中的一个特例，也就是那些声明所有的优秀三段论必须符合、满足三段论的所有规则，这些规则在前面章节已经做出了陈述。它不仅违背这些三段论规则，而且在很多方式下也不会和一个普通三段论保持相像。正如杰文斯所说："如果我们认为所有优秀的逻辑上的论证都必须遵循这些三段论规则，那么我们其实犯了一个大错，此前我们已经对此一直在进行探讨。只有这些论证通过中间项把两个术语连接在一起，这样的三段论，才需要遵循三段论规则。我们日常用到的许多三段论，都属于这种情况；但是在很多其他种类的论证中，依然有一些论证问题持续了很多年，直到近几年才被逻辑学家们研究弄懂。选言三段论被认为是一个很重要的论证，尽管它并不遵循三段论规则，而且和三段论之间没有任何相像的地方。"

选言三段论,是一个大前提中有一个选言命题的三段论。选言命题也会出现在结论中,其中的选言在大前提中包含两个以上的术语。我们已经明白,在一个选言命题中,主语后面通常有两个二选一的谓语,这两个谓语之间用连词"或者"(有时会与"要么"连在一起使用)来连接。举例来说:"闪电是片状的或者交叉状的";或者"拱桥是圆形的或者尖锥形的";或者"角度是钝角,或者是直角,或者是锐角"。不同的事物用"或者"连在一起,叫作"可选择的事物"。这个术语表示,我们可以在两个事物之间选择一个,或者如果其中一个事物不能满足我们的条件,那么我们可以选择另一个事物;另外,如果可选事物有三个或者三个以上,那么我们可以对其他的事物依次做出合适的选择。

关于选言三段论的使用规则是,如果一个或者多个可供选择的事物被否定,那么剩下的事物是可以被肯定的。因此,假如我们说"A是B或者A是C";或者说"B和C中的任意一个是A",我们可以否定B,但是仍然肯定C。有些专家也声称"如果我们肯定一个可选事物,那么剩下的事物必须被否定",但是这种观点却被其他专家一致反驳。我们似乎可以在术语"任意一个"出现的情况中,发现一个十分有用的规则:"B和C中的任意一个,是A",因为其中似乎存在一个暗示,即两个事物中必定有一个是正确的。但是在有些情况中,比方说"A是B或者A是C",其中存在两种情况都成立的可能性。杰文斯支持后面一种观点,并列举一个命题作为例子:"一个地方法官是一个治安法官、一个市长或者一个领薪金的法官",但是不会出现这种情况:一个人作为一名地方法官,不可能同时担任市长。他阐述说:"在肯定一个可选事物之后,我们只能否定其他可选事物,因为假如可选事物之间存在着差异,那么它们不可能同时都是正确的。"杰文斯为了证明其论点所举的例子中,还有命题"监狱里的囚犯要么是有罪的,要么是无罪的",我们从相反的角度描述的这个论点,不难发现这两种论点不可能同时成立。

"两刀论法"是一个"条件三段论",它的大前提包含了某种可选事物。沃特利把它定义为:"一个条件三段论在大前提中包含两个或者两个以上的前提，一个选言三段论在小前提中包含两个或者两个以上的前提。"一个大前提包含两个互相排斥的命题的同时，推论者被迫承认两个命题中的一个，然后在"两刀论法的两个角"之间做出选择。

类比推理

类比推理的应用最为普遍,然而作为推理的初级形式,尽管它有很大程度的确定性,却缺少必然性。所以,在严谨缜密的科学推导中,这种方法很少被用到。

类比推理是最基本的推理形式之一，也是我们绝大部分人使用频率最高的推理形式之一。它作为快速概括的初级形式，自然地形成了："如果以前在一个环境中发生过这些事情，那么如今在类似的环境中同样会发生这些事情。"在逻辑学上用到的类比推理，我们把它定义为："类比推理过程中的前提和结论存在相似关系；任何形式的相似关系可以使一个没有形成归纳的论证得以成立。"布鲁克斯说："分析是一个思考过程，通过这个过程，我们可以推断出，如果两个事物彼此在一个或者多个细节上相似，那么它们也会在其他的一些方面相似。"

关于类比推理的规则，杰文斯做出如下陈述："如果两个或者两个以上的事物在很多方面彼此相似，那么很可能它们也会在其他更多的方面彼此相似。"其他专家对同一个原理做出了如下陈述："如果一个事物和另一个事物在我们已知的方面彼此相似，那么它们也会在未知的方面彼此相似"；还有"如果两个事物在若干方面保持一致，那么它们也将在其他方面保持一致"。

归纳概括和类比概括存在差异。归纳概括的规则是："如果一个整体中大部分的事情是确定成立的，那么这个整体中的所有事情都是确实成立的"；与此同时，类比概括的规则是："如果所有事情中的有些事情有共同之处，那么剩下的其他事情也有共同之处。"对此，杰文斯适度地评论道："类比推理和概括推理，仅仅在程度上保持差异。当有些事物在某些属性上相互保持相似的时候，我们通过概括对它们进行论证。当有些事物在许多属性上相互保持相似的时候，就形成了一个类比过程。"对于如何描述类比，我们可以说，如果我们在A中发现的特性、特质和属性分别叫作a、b、c、d、e、f、g，而在B中发现的特性、特质和属性分别叫作a、b、c、d、e，都是现成的，那么我们可以通过类比推理出，特性f和g也必定属于B。

布鲁克斯提到这种形式的推理时说："在日常生活和科学研究上，类比推理总是不断地应用这种原则。"一个医师在探望一个病人时说,他所患疾病表现出的好几个特征都符合伤寒症的症状,因此他患的就是伤寒症。所以当一个地理学家发现了一个动物化石,这个动物拥有巨大的、强壮的、磨钝的爪子,他就推断出它在觅食的时候会趴在地上把爪子伸进土里。布克兰德博士通过类比推理,从骨头化石中确立新的动物,然后等整个动物的所有骨头都被发现之后,他确立的事实都被证明是正确的。哈莱克说:"在辩论或者推理的过程中,我们在很大程度上受益于寻找事物隐藏的相似性。……觉察出这层关系也培养了我们的思考能力。如果我们想在论证中成功,那么就必须提高我们自身对这层关系的直觉能力,有些人称之为'第六感'。学习诗歌在检查类比和培养推理的力度方面,显得很有用处。诗人以'毛毛虫蜕变成为蝴蝶,扑闪着翅膀在鲜花盛开的草地上飞舞'为例,为我们清楚地阐述了死亡带来的变化。他在培养我们对事物关系的理解能力,这依然很有价值,因为蝴蝶很美丽。"

但是学生们应该警惕由类比推理得出的欺骗性结论,正如杰文斯所说:"在许多情况中,类比推理被证明是不确定的引导。在有些情况中,类比推理也会产生意外的错误。孩子们有时会因为采摘并吃掉有毒的浆果而死亡,原因是同样外观的浆果被验证是可食用的和无毒害的。尤其是对于那些不熟悉采摘蘑菇方法的人来说,有毒的伞菌偶然会被误会成蘑菇。在挪威这个国家,很少会发现蘑菇,所以也很少有人会食用蘑菇。但是曾经有一次我在那里发现了蘑菇,并且采摘回旅馆进行烹饪,却被旅馆里的人弄得大为不解:他们出去采摘了有毒伞菌带回来,并邀请我也一起尝尝。这种情况很明显是类比推理产生的错误。甚至某些凶残的动物也是在某种程度上被错误地判断了。挨打的狗总是害怕棍子,同时也会有些狗在你假装捡起一块石头要向它掷去的时候,会畏惧逃开,即使那里没有石头可以捡。"

哈莱克说:"因为事实上存在着许多错误的类比,所以我们需要训练、培养出卓越的思考能力,揭露这些错误的类比。绝大部分人思考得很少,导致他们吸收这些错误的类比,就好像刚刚羽毛丰满的知更鸟会直接吞掉塞进它们张开的嘴里的石头。这种现象促使我们必须抗拒沿着规定的路线行走,不然就不会得到提高。"布鲁克斯说:"类比推理的论证似乎是合理的,但是经常会具有欺骗性。由此,有些人从'美国天鹅是白色的'这个前提推断出,澳大利亚天鹅也是白色的,这就出现了一个错误的结论,因为实际上澳大利亚天鹅是黑色的。同样,有些人因为约翰·琼斯有一个红鼻子并且是一个酒鬼,所以认为拥有红鼻子的亨利·詹姆斯也是一个酒鬼,这是危险的推论。从类比得出的这一类结论,在很大程度上都是不合理的谬论。"

提到类比推理的规则时,杰文斯说:"没有任何办法可以让我们真正地确定,我们能够通过类比推理完美地进行论证。对此我们能够给出的唯一规则是:'如果两个事物彼此更进一步地相像,那么很有可能它们在其他方面也会更进一步相像,尤其是在与我们已经观察到的紧密联系的方面。'……为了能清楚地阐述我们得出的结论,就绝不能仅仅依赖于类比推理,我们还应该主动尝试去发现支配事情发展的法则。在类比推理中,我们似乎不需要运用演绎推理或者归纳推理,就可以从一个事实推断出另一个事实。但是,那仅仅是一种猜测。我们应该适当地探究,什么样的普遍法则才能通过已经观察到的事实来证明它们确实存在,然后根据这些法则推断出将会发生的事情。……我们发现,类比推理没有以归纳推理和演绎推理的方法为基础。这是不完善的,除非我们弄清楚我们所质疑的事情发生的原因以及它们包含的法则。"

按照同样的思路,布鲁克斯说:"通过类比得出来的推论,就像通过归纳得出的推论,我们应该谨慎使用。它得出来的结论,不能只具有一般的可信度,而是要具有更高等级的可信度。从一个部分推断出另一个部分——至多是从一个部分推断出一个整体——需要理智的必然性。为了获得确定性,我们必须证明类比过程中的根本原则,要么是思考的必要法则,要么是大自然的必要法则,然而不可能同时包括这两类法则。因此类比推理仅仅是可能有很高程度的必然性。它甚至可以达到很大程度的确定性,但是从来不会达到令人满意的必然性。因此,我们应该审慎地判断,不能轻易地把类比推理得出的任何推论当成真理,除非它在实际的观察和实验中被证明是真理,或者使用归纳推理消除掉所有合理的质疑。"

逻辑十九讲
The Art of Logical Thinking

第十九讲

谬 论

学习逻辑的目的之一就是辨别是非真假,而谬论者,正是现实里的诡辩好手,有时他们的逻辑思维比你还强,因为"神偷"在成为"神偷"之前,总是会把好人研究透。

谬论是指：一个不正确的立论，或者不正确的论证模式；虽然它看起来对解决问题具有决定性作用，但是事实情况并非如此。听起来是一个立论或者命题，但是事实上是谬误的；一个错误不明显的谬误的陈述或者命题，因此很可能误导或者欺骗大众；诡辩。

在演绎推理中，我们通常会碰到两类谬误，它们分别叫作（1）谬误前提；（2）谬误结论。我们现在将依次考虑它们。

实际上，谬论的前提是指无根据的假设性前提。这类谬论中最普遍的形式之一叫作"窃取论点"，这种原理是指假设没有被承认的基本前提是成立的；或者是毫无根据地假设有待被验证的基本前提是成立的；又或者是假设有待被验证的基本前提是成立的，但是又不去验证它。它最普遍的形式是以权威的、肯定的态度，大胆地陈述一些已经被证明了的事实，然后开始把这个陈述当成论证的大前提,用逻辑学的方式展开推理。听者从逻辑学的角度上认知论据,经常会忘记前提是在之前被假定出来的,没有证明和证据,并且省略了假设意味的"如果"。有人会从前提"月亮是由绿色的奶酪构成的"出发,站在逻辑学的角度展开讨论,但是整个前提是无效的、谬误的,因为事实是,这个人已经在毫无根据的前提下,用这个论据进行了"窃取论点"。希斯罗普在下面这个命题"教堂和国会应该联合起来"中,举出了用来解释这种形式谬论的一个例子。在寻找证据的过程中,论述者开始进行如下的"窃取论点":"优秀的机构都应该联合起来;教堂和国家都是优秀的机构;所以,教堂和国家应该联合起来。"命题"优秀的机构都应该联合起来"实际上是一个谬论,因为它仅仅是被假设出来的,并未得到证明。这个命题听起来很合理,很少有人会在第一时间里质疑它;但是只要稍经思考,我们不难发现,有些优秀机构联合在一起固然很好,但是在普遍真理中,并不是所有优秀的机构都应该联合在一起。

"窃取论点"通常是源自于给一个事物命名,然后假设我们已经解释了这件事物。这对很多人来说是一个非常广泛的实例——这些人仅仅是通过命名来进行解释。之前发生过一个类似的例子,一个人在试图解释他能看穿一块玻璃的原因仅仅是"玻璃是透明的"。或者一个人在面对某个实体很容易破碎的时候,解释说"因为它是易碎品"。莫里哀在他的作品中,让一个哑巴女孩的父亲问道,为什么他的女儿是哑巴。医师回答他:"没有比这更容易解释的了,因为她已经失去了说话的能力。""是的,是的。"这位父亲不置可否地回答,"但是问题是,如果可以请您解释的话,为什么她会失去说话的能力?"医师表情凝重地回复他:"我们所有最优秀的专家们会告诉你,原因是她的舌头在运动的过程中受到了阻碍。"

杰文斯说:"也许在使用频率最高的方式中,我们承认了这种谬论是用给定名称的方式,这些名称暗示我们不认同某些事情,然后辩驳说因为种种原因,这种名称必须遭到谴责。当两个运动员在关于比赛主题的方式上发生争吵的时候,其中一个人完全可能辩驳说,另外一个人的行为是'没有运动道德的',因此他的行为应该被禁止。下面是对一个正确的三段论的全面解析：

"没有运动道德的行为应该禁止出现；约翰·鲁滨孙的行为是没有运动道德的；因此，约翰·鲁滨孙的行为应该禁止出现。

"这个推理过程在形式上是正确的；但是很明显，它仅仅是在论据上存在相似；'没有运动道德的行为'是指一个运动员不能实践的行为。被争论的关键点在于确定，这种行为是否符合究竟什么是'没有运动道德的行为'这个习惯性的定义。"

谬论起源于"窃取论点"，事实上是属于后一类谬论，我们称之为"循环推理"。在这种形式的谬论中，有人把命题证据假定成命题本身；或者，用结论证明前提。举例来说："这个人是一个捣蛋鬼，因为他是一个流氓；他是一个流氓，因为他是一个捣蛋鬼。"或者说，"天气很热，因为现在正值夏天；现在是夏天，因为天气很热。"又或者说，"他从不过度饮酒，因为他从不放纵地酗酒。"

布鲁克斯说："由此，我们争论说派对很成功，因为它采用了很好的措施。另外，措施非常有效，因为它们被采用到这样出色的派对中，这个过程就是一个'循环推理'。所以当人们争辩说，他们的教堂之所以是真正的教堂，因为它是由上帝修建的，然后他们又争辩说，既然这个教堂是真正的教堂，那么一定是上帝创建了它，这样他们就陷进了谬论。有人争辩说'意志是由强大的动机决定的'，然后把强大的动机定义为'影响意志的因素'，这个过程围绕着循环思考展开，什么也没有证明。柏拉图在试图从灵魂的单一性证明灵魂的不朽性，随后又从灵魂的不朽性证明灵魂的单一性时，承认确实存在这种谬误。"其实我们需要特别留意才能避免发生这种错误，因为让人惊讶的是，人们确实很容易走向这个误区。希斯罗普说："循环推理得到的谬论很多时候出现在较长的被接受的没有足够调查的论证里。当这种谬论出现在较长的谈话中的时候，它不需要简单的观察就可以被接受。它很可能偶然地被同义词引发出来，这个同义词并不具有概念的效力。" 如果一个三段论的结论被当成是另一个三段论的命题，并且后一个三段论一次被用作是第一个三段论或者原始三段论的基础，那么这样就产生了一个恶性循环。

第十九讲 谬 论

谬误结论是对一个逻辑性结论做出的毫无根据的、毫不相关的假设。下面列举出了这类谬论的很多形式：

转换立场，它存在于当证明一件事情的时候，实际上是在证明和它相似的事情。这种情形的谬论，因为一个男人是异教的，所以他必定是虚伪的；或者因为一个男人否定了《圣经》的默示，所以他一定是一个无神论者。

谬误质疑，是提出两个或两个以上相关的问题，其中一个问题的答案同样被作为另外一个问题的答案。举例说："如果你提问，一个社区越文明，那么你在其中会不会发现越多的丝绸帽子呢？""是的。""然后，你是否敢肯定丝绸帽子是形成一个社区文明的推动力和原因呢？"这类问题经常这样安排，其结果是肯定的或者是否定的，都将导致出现一个错误的或者谬误的推论。举例来说，有一个德高望重的市民，在法庭证人席上被问到这样一个问题："你是否停止过殴打你的母亲？""是"或者"不是"都是无稽之谈。因为这样会把证人摆放在一个错误的位置上，何况事实是他从未殴打过他的母亲,也不应该被控告。

部分证据,部分的与事实相关的证据被用来代替完整的与事实相关的证据去用于推理。举例说,如果一个男人被看到参加过一个沙龙派对,就被认为他有酗酒的罪名,那么这种说法是一个谬论。

诉求于公众舆论,其中呼吁的不是对论据的判断和推理,而是公众的偏见。在政治和神学争论中,这种结论的使用频率非常高。它没有论据,应该遭受谴责。

诉求于权威,或者敬畏,其中尊敬和尊重公众群体里的少数精英,对很多人造成的影响,远远超过他们自己的判断或者推理。举例来说:"乔治·华盛顿是这样想的,因此那一定是对的";或者"肯定亚里士多德犯过的错误是愚蠢的";或者"两千多年来人们一直肯定地认定这个结论"……或者"我们的父亲相信的事情一定是真实的"。似乎这种结论也有合理的地方,尽管如此但它们都是谬误的,并不是真正的论据。

诉求于专业,其中出现的不是推理或者判断,而是反对者的惯例、原则和专业。因此我们论证说,某种

第十九讲 谬 论

哲学或者宗教不可能是合理的或者优秀的,因为提出这个结论的人并不是始终如一的、优秀的、品性端正的和清醒的。这个论据经常被用来有效地反驳一个反对者,同时在自我反对时也很有效。但是它在反对这个人的哲学观或者信念的时候却无效,因为他也许在实际行动中违背了它们,或者他也许改变了他的习惯,但内心仍然忠于他的信念——这两者不能画等号。

诉求于普遍信念,其中诉求的是具体的或者普遍的信念,但是它们没有被证据所支持。这个论据用途相当普遍,但不是真实的论据。经过时间证明,普遍的观点往往是错误的。几个世纪以前,这些论据可能被用来支持"地球是平的"等谬论。半个世纪以前,它被用来反对达尔文,如今它被用来反对其他新的想法。然而它的本质是一个谬论。

诉诸于愚昧,它指代反对者的无知,他的推论随着他的愚昧走向了真理的另一面。这事实上没有论据:"这些事情一定是成立的,因为你没有办法证明它们是不成立的。"正如布鲁克斯所说:"因为我们无法解释大脑思维是如何知道物质世界是存在的,所以我们必须论证出'物质世界是不存在的',这是休谟提出的一个著名的哲学谬论。然而事实是,我们在干草堆里找不到缝衣针,并不代表我们没有证据证明缝衣针不在干草堆里。"

新事项的引入,也称为不合逻辑的推论或结论,前提中没有的事项出现在了结论中。希斯罗普列举了下面一个例子予以解释:"人是理性的;苏格拉底是一个人;因此,苏格拉底是高尚的。"与此同时,德·摩根列举了一个更为复杂的例子:"主教制度出现在《圣经》原旨中;英国国教是圣公会;因此,礼拜在教堂中进行应该受到支持。"

此外,还有一些其他的谬论,和上面提到的所有谬论相比,在有些方面存在相似性,如下所示:

带有歧义术语的谬论,其中同样一个单词包含的不同含义导致谬误性论据。正如杰文斯说:"一个具有两种不同含义的单词,其实是两个单词。"

术语的集合含义和普遍含义之间的混淆,杰文斯说:"如果我们像下面这样去论证,会显得十分荒谬:如果我们在大不列颠博物馆图书馆里的所有藏书中去寻找,一定能获得关于阿尔弗雷德国王的信息,所以那里的任何一本图书中都能得到关于阿尔弗雷德国王的信息。在'在大不列颠博物馆图书馆里的所有藏书中'中,我们的意思是在所有的图书范围里。还有其他许多情况中,这种混淆并不是那么明显,大部分人并不能看到准确的差异性。"

从集合含义中论证出普遍含义,其中的谬误包含一个论据,即整类事物中包含的有些事物是真实的,所以这类事物中的任何一个都是真实的。杰文斯说:"一个部队军团的所有士兵一起可以占领一个城镇,但是如果我们由此认为,每一个士兵都可以单枪匹马地攻占一个城镇,那就是一个荒谬的推想了。再举一个例子,白色的绵羊吃的东西要远远超过黑色的绵羊;然而其中的原因是,白色绵羊的数量要比黑色绵羊多很多。"

句子中不确定的含义,容易产生混淆并滋生出谬误的论据。杰文斯说:"事实上有一种很幽默的方式可以证明,一只猫一定有三条尾巴:首先一条尾巴的猫胜过没有尾巴的猫;其次,没有一只猫拥有两条尾巴;所以,任何一只猫都拥有三条尾巴。"在这种情况下,谬论建立在对"没有"的双关语解释。

证明错误的结论,混乱型结论的产生,导致有些人可能会想象,这种情况实际上是成立了的。杰文斯说:"这种论据最开始是由一个爱尔兰人设计出来的,他因为行窃被控告,其中有三个证人当场看到他行窃;于是他提出要求,叫三十个没有看到他行窃的证人提供他不在场的证据。被告人是一个唯物主义者,他的言辞同样富有逻辑性,他回复说,'我不是一个唯物主义者,而是一个理发师'。"

失败论据的谬论,其中最后得出一个非逻辑性的结论,因为某些论据被证明是不成立的,所以与之相反的结论就可以证明是成立的。这种谬论相当普遍,尤其是在仲裁时。如果一方证明某些论点以失败而告终,那么陪审团会迅速做出一个结论,与上面论点相反的论点必定是正确的。这很明显是一个谬论,因为总是存在第三种解释的可能性。尝试制造托辞的失败经常能在给被告的罪行提供的证据里找到。过往的法庭辩护律师经常断言:一个被告人在面对直接证据证明他有罪的时候,如果不能够宣布他的不在场证据,那么他被定重罪的可能性就非常大。此外,逻辑推理者会发现,在任何一个类似的推论中都不存在丝毫的逻辑有效性。对此杰文斯说得很好:"对一个命题进行反证,无论多少次尝试,都会失败。每一次尝试失败的时候,都会回到最初的状态,即'没被证明'。"

违背三段论规则的所有情况,包括谬论在内,在形成一个三段论的过程中,都会违背一个或者一个以上的三段论规则。

逻辑学家,尤其是古代的逻辑学家,付出了许多精力去发现并且命名谬论的新种类,他们不"钻牛角尖"。严肃地讲,其中很多不值得进行谨慎的思考。我们已经列举过的一些可能会对我们的认知起一些作用,但是我们一定也忽略掉了许多违反实际常识的最坏的论据。理解并掌握逻辑推理的基本法则,可以有效地公示和揭露所有的谬论;理解并掌握逻辑推理的基本法则,比起记住模棱两可的、连小孩子也不会上当的谬论名称更有意义。

除了以上陈述的关于演绎推理的谬论,在归纳推理中也可以看到其他谬论。下面让我们简要地介绍一下它们。

过度的概括和错误的概括，是最普遍的谬论。人们有时会在一类的单独个体中看到某些特性，然后错误地推断出，这个类中的所有个体都具有同样的特性。旅行家们大都会承认这个谬论。英国旅行家访问美国，在回国之后出版了旅行日志，他们在书中对美国人做出了令人发笑的概括，因为他们提出来的观点都是在观察一些零零散散的单独个体的基础上形成的，并不能代表所有美国人的状况。美国旅行家出国旅行之后，也会犯同样的错误。穿越国界的旅程，并不能提供一个进行准确概括的机会。布鲁克斯说："任何假设都不会真正被人接受，除非事实泛滥得让人不用怀疑，让人一目了然。"

观察性谬论，是由不正确的观察方法造成的结果，这些观察法如下：

（1）粗心的观察，或者不准确的认知和概念化；

（2）部分的观察，它指代一个人只观察事物或者事实的一部分，而忽略了剩下的部分，最后形成关于事物或者事实的不完整的概念；

（3）忽视例外和矛盾的事实，指代所有的例外和矛盾的事实都被忽视，然后对观察到的事实委以不恰当的重要性；

（4）假设事实，指代并不是真正的事实，或者假设非真实的事实是真实的；

（5）混淆事实的推论，这是最不能被接受的。

包含错误原因的谬论，尽管一个事物不是原因，但是依旧假设它是；相似的例子可以从下面找到：用前提取代原因，它指"仅仅把一个先前的事情当成是另外一个事情的原因"。因此有人会猜想公鸡的啼鸣是黎明到来的原因，因为在公鸡的鸣叫之后，黎明接着到来；或者，扫帚星（彗星）的出现是灾祸发生的原因，因为扫帚星出现后会有灾祸发生；再或者，在实际情况中，小孩子推理得出，医生们造成了病人的死亡，因为据观察证明，医生们总是在病人快要死之前拜访病人；又或者庄稼收成不好，是因为几个月以前某个政党的主席刚刚上任就职造成的。这些谬论中，有些我们日常推理出来的谬论相当没有逻辑性。用征兆代替原因，指假定一个原因是产生某些症状、迹象和偶然事件的真正原因。

假定粉刺是疾病产生的原因就是这样的一种谬论。我们之前讨论过，假定丝绸帽子是形成文明的原因的谬论，因为形成文明的过程不是一个偶然事件造成的。政治家们非常着迷于把一段时期的某些偶然事件或者迹象，假定是这段时期国家繁荣、文化发展和经济提高的原因，反之亦然。有的人可能会站在相同角度上来论证，电话也是国家繁荣的原因，并指出事实说，生活中出现的电话越多，就表明这个时代越好。抑或，草帽导致炎热的天气，因为人们使用的草帽越多，天气就越热。

类比谬论，需要先假定物体的相似性或者同一性，尽管它们实际上并不相似。我们已经在前文里谈论过这个。布鲁克斯也说过："过于深入地使用类比会产生谬论；这个谬论主要是从圣经故事里一个女人坚持纠缠不清地祷告说，上帝等同于不正义的法官而来。"

总而言之，我们希望通过下面杰文斯说的话来引起你的注意，在这番话中他想表达的要点是："一方面，我们不可能常常提醒别人，所有正确的推理都存在于用'相似的事物'代替'相似的事物'中，然后推断出如果一件事物是真实成立的，那么和它具有同等属性的类似的事物也都是真实成立的。另一方面,所有不正确的推理都存在于用一件事物代替另一件和前者没有相似性的事物中。演绎逻辑规则和归纳逻辑规则的目的是,当我们把一些事情正确地或者错误地推理成另外一些事物的时候,它们可以尽可能地帮助我们。"